Heinrich Van Look

Der Partonopier Konrads von Würzburg und der

Partonopeus de Blois

Heinrich Van Look

Der Partonopier Konrads von Würzburg und der Partonopeus de Blois

ISBN/EAN: 9783744619929

Hergestellt in Europa, USA, Kanada, Australien, Japan

Cover: Foto ©ninafisch / pixelio.de

Weitere Bücher finden Sie auf **www.hansebooks.com**

DER PARTONOPIER

KONRADS VON WÜRZBURG

UND

DER PARTONOPEUS DE BLOIS.

INAUGURAL-DISSERTATION

ZUR ERLANGUNG

DER PHILOSOPHISCHEN DOCTORWÜRDE

AN DER

KAISER-WILHELMS-UNIVERSITÄT STRASSBURG

VON

HEINRICH VAN LOOK.

GOCH, 1881.
VÖLCKER'SCHE BUCHDRUCKEREI
(JOH. GÄLLWEILER).

Es gewährt einen eigentümlichen Reiz, dem geistigen Schaffen eines namhaften Mannes nachzugehen, das Mass seiner Originalität vergleichend festzustellen, zu beobachten, wie der fremde Stoff in seinem Geiste sich wiederspiegelt, wie die fremde Individualität übermächtig sich ihm aufdrängt oder in die festgefügte Eigenart seines Geistes sich verschmilzt. Erhöhte Anziehungskraft gewinnt eine solche Betrachtung, wenn es zugleich die Eigentümlichkeit eines fremden Volkes ist, deren Einwirkung wir so beobachten; das eigenste Wesen unseres Volkes wird uns dadurch nicht selten verständlicher und lieber. Es dürfte desshalb nicht uninteressant sein, Konrad's von Würzburg Partonopier und Meliur mit seiner französischen Quelle zu vergleichen. Schon Pfeiffer Germania XII. 41 ff. und Bartsch in seiner Ausgabe des Partonopier p. VII. und in den Anmerkungen machen einige Bemerkungen zu diesem Gegenstand. Umfassend ging dann auf diese Untersuchung ein Kölbing in ‚Bartsch Germanistische Studien‘ II. 76. Das Verhältniss der vorliegenden Arbeit zu dieser Abhandlung Kölbings wird sich im Verfolg ergeben. Ich kann nicht umhin bei dieser Gelegenheit auszusprechen, wie mannigfache Anregung ich dabei den mündlichen Winken der hochverehrten Herren Professoren Martin und Gröber verdanke. Ausserdem bin ich Herrn Dr. W. Zingerle für seine freundlichen Nachrichten über die Pariser Handschriften verpflichtet.

KONRADS QUELLE.

Konrads Quelle ist der Partonopeus de Blois, nach der Arsenalhandschrift herausgegeben von Crapelet, Paris, 1834. Das französische Gedicht wurde nach Crapelet XLIV. und

1

Histoire literaire XIX., 629 f. herkömmlich in die Mitte des 13. Jahrhunderts gesetzt. Ich werde zu beweisen versuchen, dass es etwas vor der Mitte des 12. Jahrhunderts entstanden ist. Zunächst ist zu beachten, dass nach Birch-Hirschfeld ‚Ueber die den Troubadours bekannten epischen Stoffe‘ pag. 36 der Partonopeus in folgenden Versen vorkommt:

> Car lai en l'encantada ciu
> Menet ad aventura 'l navei
> Lo ric Partenopes de Blei.

Die Verse werden in einigen Handschriften dem Arnaut Daniel, in andern dem Uc Brunet zugeschrieben; beide blühten in den letzten Decennien des 12. Jahrhunderts.

Denis Piramus nennt in der vie de St. Edmont (Michel, Rapports 250 f.) als die zu seiner Zeit in England am meisten gelesenen Dichtungen fabelhaften Inhalts den Partonopeus und die Lais der Marie de France. Die vie St. Edmond setzt H. Suchier ‚Ueber die vie St. Alban‘ pag. 3 vor 1160 an und hält diese Datirung, wie er mir gütigst mitteilte, gegen Romania VIII. 38 aufrecht; Marie de France lebte nach Warnke Z. f. rom. Phil. IV. 230 in der Mitte und nach der Mitte des 12. Jahrhunderts. Da zur Zeit, als Denis Piramus schrieb, nur ihre Lais bekannt zu sein scheinen, und Partonopeus an erster Stelle genannt wird, so kann dieser wol als gleichzeitig mit der Frühzeit der Marie de France angesetzt werden.

Prof. Gröber hat mich gütigst ermächtigt, von folgender Bemerkung Gebrauch zu machen: Die angenommene Abfassungszeit bestätigen die Laut- und Declinations-Verhältnisse des Partonopeus, welche ihn vor Wace, Garnier, Münchener Brut und Chrestien setzen. Die beiden oi reimen noch getrennt; s ist, und noch selten, stumm nur vor Liquiden, nient stets zweisilbig. Die masculine Declination besteht in ursprünglicher Reinheit. Der Nom. Sing. der Feminina der 3. Declination entbehrt noch nicht des Flexions-s etc. Nicht entgegen steht die Vocalisirung von l Cons., die Gleichsetzung von ols und els, die zwiefache Betonung von ui; Bindungen wie palais (palatium): dois (discus) etc. sind dialectisch. —

Dazu stimmt nun auf's vortrefflichste die politische Tendenz des Gedichtes, welche merkwürdiger Weise noch niemand beachtet hat. Das Gedicht ist ein Protest des französischen Feudalismus gegen jenes auf Bürgertum und Militär gestützte Königtum, welches nicht mehr die oberste Lehnsherrrlichkeit sein wollte, sondern eine öffentliche Gewalt, berufen für alle und gegen alle Ordnung und Recht aufrecht zu erhalten. Genauer formulirt richtet sich seine Spitze gegen den Bund des Königtums mit der bürgerlichen Intelligenz, gegen jene bürgerlichen Minister, welche ohne Rücksicht auf feudalistische Traditionen eine rationalistische Staatsauffassung in den Staatsgeschäften durchführten; es gipfelt in der verbissenen Behauptung, dass Adliche und Nichtadliche zwei Racen seien, wie Löwe und Esel, und dass nur durch einen Act der göttlichen Allmacht ein Individuum der einen Race die Eigenschaften der anderen annehmen könne; bürgerlicher Minister und Verräter sind dieser verstiegenen Parteileidenschaft Synonyma. Zu welchem Paroxysmus sich diese gesteigert haben muss, ersieht man daraus, dass es dem Dichter nichts verschlägt, in einem Atem dem Anchises, der ihm so ein Verräter und Minister ist, Nepotismus vorzuwerfen und, dass er sich für einen Gott ausgegeben, weil er seine Eltern und Verwandten nicht zu nennen wisse. — Mit sichtlicher Erbitterung wendet sich der Dichter gegen niedriggeborne Ratgeber des Königs, welche ihre Sippe bereichern, dagegen den Adel rücksichtslos niedertreten und berauben. In Folge der Verarmung des Adels ist der König dann gezwungen, sich auf Söldnerscharen zu stützen, statt auf die erprobte Tapferkeit und Treue seiner Vasallen. — Die Erkenntniss dieser politischen Tendenz ist von so eminenter Wichtigkeit für das Verständniss des Gedichtes, dass ich gezwungen bin, sie weitläufiger zu belegen. Sie tritt gleich im Anfang sehr energisch in das Gedicht ein: Menelaus würde es nicht gewagt haben, Troja anzugreifen, wenn nicht Priamus, stolz auf seine Söhne, sich bei seinen Unterthanen verhasst gemacht hätte; denn er hatte einen Findling, einen Sclaven Anchises zu den höchsten Würden erhoben; dieser bedrängte die Grossen und setzte seine Verwandten in deren Lehen ein. Crap. v. 177.

Crap. 251 Mais Anchises les a traï,
Que Priamus avoit norri,
Uns fils à diable, uns getés,
Qui disoit qu'il ert des Deus des,
Por ço qu'il ne savoit son père
A le gent nomer, ne sa mère . . . .
Et amassoit argent et or
Et faisoit al roi grand trésor
Et mesloit à lui ses barons.

Bei der Characteristik der einzelnen französischen Könige tritt dann die politische Anschauung sehr klar hervor; so wird Clodio als ein sehr schlechter König geschildert:

Crap. 422 Por ço n'en (sc. gentils homes) fist nul justicier,
Ne ne lor bailloit nul mestier:
Ains alevoit fils à vilains etc.

Dagegen wird von der guten Regierung des Clovis folgendes gerühmt: Söldner brauchte er nicht; nahm er fremde Ritter in seinen Dienst, so belehnte er sie auch etc. Crap. 455 ff.

Crap. v. 471 Fils à vilain, por nul loier,
Ne fust jà clers ne cevalier;
Ne gentils hom povres ne vils
Por qu'il fust dignes de buens fils,
Cels tenoit il en son consel etc.

Zu einer ausführlichen Polemik gegen das bureaukratische System bietet dann wieder Gelegenheit die Geschichte des Verräters Marés. Der Verrat desselben bringt König Sornegur zu der Einsicht, eine wie falsche Politik es war, als er diesen Menschen von zweideutiger Geburt (de basse main) zum Kanzler machte. Crap. 2540 ff.

2559 Mais il me faisoit si mes pros
Et toloit à mes homes tos
Et me donoit quanqu'il toloit etc.
2573 Ses viols parents a tos francis
Et de mes bons casteaus saisis;
Mes gentils homes a destruis;
N'i a mais nul qui ait déduis,
Ne chien, n'oisel, ne jogléor
N'a nule rien del siècle amor
Ne pensent mais de ce nient:
Afolé sont de mautalent.

Mit vollem Recht trifft mich ihr Hass (mangier me devroient mastin 2557); ihre Verarmung zwingt mich zu Söldnern meine Zuflucht zu nehmen; aber diese dienen jedem Herrn, der sie bezahlt und nur so lange er sie bezahlt; meine Ehre ist ihnen gleichgültig.

Crap. 2610 S'or eusce mes cevaliers,
Dont jo ai plus de cent milliers,
Mes demaines, mes vavasors,
N'eusce soing d'autre socors.
Cil entendissent à m'onor
Et me servissent par amor;
Ains se laissassent tot morir
Qu'il me soufrissent ahonir.

Dies Thema wird dann bis zum Ueberdruss breit getreten. Crap. 2653 ff. und 3570 ff.

Endlich wird in der Geschichte Ancelets ein Anlass vom Zaun gebrochen, um ein umfangreiches politisches Gespräch einzuflechten. Partonopier findet Ancelet im Walde;

derselbe ergeht sich in einem Hagel von Schimpfworten über
Leute von geringer Geburt; Partonopier fragt ihn, was ihn so
gegen diese guten Leute erbittere und so führt er denn mit
dem halbtoten Ancelet eine wunderliche Unterhaltung über die
Vorzüge des Bluts. Da dieselbe ungedruckt ist, erlaube ich
mir, dieselbe auszüglich uach der Berner Handschrift mitzu-
teilen, von der mir Prof. Stengel mit der zuvorkommendsten
Freundlichkeit eine Abschrift zur Verfügung stellte.

Berner hs. 10729 Mais cil ques fist li bons Jhesus
     Les met as altres par desus;
     Quar il eslit la povre gent
     A faire son denuncement;
     Puis les a fait saignor del mont
     Si que trestot le jugeront.
     „Sire“, fait il, „molt ales halt
     Por moi defaire mon assalt.
     Li bon Jhesus prist voirement
     A son servise povre gent;
     Mais s'il orent pou heritage,
     Ne furent pas de bas parage;
     Si parent furent li plusor
     Ne sai lignaige plus alcor.
     Des altres ne sui pas certains
     C'onques un sols en fust vilains.
     Et ses filz as vilains esliz
     Por mostrer la vertu les filz
     Por faire a tote gent savoir
     La merveille de son povoir,
     Qui puet des petis faire graus
     Et poestis des non poissans
     Et des malvais tres bons eslis etc.
     Cil doit filz a vilain lever
     Qui si puet ses teches muer
     Et doner franchise et mesure
     Et changier sa pute nature etc.
     Richece malvais hom empire
     Et franc cuer a noblece tire etc.
    71 Parthenopex s'est mervillies
     Del sens dont cil est ensignies,
     Et pour lui moult esparmenter
     Vuet encor a lui deporter.
     „Amis, fait il, de cele main,
     Dont dex fist le fil al vilain,
     Fist il les gentilz homes tos.“
     „Ce ne lor est“, fait il, „nus proz.
     Si fist il asnes et lions:
     Mais ne lor fist unes façons
     N'unes proeces n'uns corages
     N'unes nobleces n'uns parage.“
     Et Parthenopex rit et dit:
     „Amis“, fait il, „ce croi et quit

Qui tres tuit li home del mont
D'un père et d'une mère sunt.
Tres tuit sont d'Adam et d'Evain
Et li cortois et li vilain
Et tuit li sot et tuit li saige.
Quel devise a eu lor parage?"
„Devise i at", fait il, „molt grant:
Par Ysaac est paraissant
Qui ot de Rebeca deux filz
Dont li un fu de deu esliz etc.

10809 Parthenopex respont: „bels sires,
Molt aves as vilains fors ires,
Porquant si dit om de Seran *)
Qui fu contes de Rome un an
Qui fu vilains et de labor
Fu pris et mis a grant honor
Et fist c'onques riches et grand
Nus gentilz hom n'en fist puis tans etc.
Cil li respont: . . . . .
Il savoit bien que li Romain
L'avoient si tot en lor main
Qu'il le poolent metre jus
Et en son lieu un altre sus:
Por ce servi tot a lor gre etc.
Mais s'il i fust bien affermes,
Dont porverries vilains derver
Et frans homes a honte aler etc.
Parthenopeus dist: . . . .
Mais bien sai que li rois Labans . . . . .
D'un sol vilain qui ot nom Xerse
Fist justice de son regne.

*   *   *

Cil vesqui duc a son deces
Et ne fu onque jor malves."
Cil li respont: „de celui Xerse
Ai bien enquis qu'il en Perse,
Qui fu fiz Lavain la senee
Qui pole fu en boz trovee,
En un berciel lez une voie
Envelopez en dras de soie.
Il ert esdevient de halt lin etc.
Se Xerse fust de tote pars
Nez de vilains, si fust busars etc.

Der Grund von Ancelets Hass gegen niedriggeborne
Leute liegt, wie wir später erfahren, in seinen Erlebnissen am
deutschen Kaiserhofe: Ein Mann, den der Kaiser in einem
Münster aufgelesen hat, (Roquefort, Notices et extraits p. 79

*) Atilius Serranus, Consul a. 257 und 255 a. Chr. wurde vom
Pfluge geholt (Cic. Rosc. 18, 50.).

und K. P. 17930) hat sich zum allmächtigen Minister aufge-
schwungen. Sciner Pflege wird Ancelet anempfohlen; aber
der falsche Mann sucht ihn auf alle Weise zu verderben.
Die politische Tendenz des Gedichtes ist also unzweifelhaft; es fragt sich, ob wir dieselbe nicht zur Zeitbestimmung
verwenden können. Ich glaube, wir können das in der That:
Sie ist gegen keinen geringern gerichtet als gegen den be-
rühmten Abt Suger von St. Denis, den mächtigen Vorkämpfer
des französischen Königtums, einen der Begründer von Frauk-
reichs staatlicher Einheit. Es ist nämlich auffallend, dass an
all den verschiedenen Stellen, wo der Dichter gegen schlechte
Ratgeber der Könige Front macht, denselben nicht sowol eine
niedrige, als vielmehr eine gradezu zweideutige Geburt vorge-
worfen wird (v. 177 in den hss. von Tours und Bern: d'un
serf trove, v. 426 Berner hs. fils à putain, Crap. v. 2550 und
3755 hom de basse main): ja wie so eben erwähnt, wird
sogar an einer Stelle gesagt, sein Vater habe ihn wegen Armut
in ein Münster gelegt. Nun ist es bekannt, dass im Jahr
1091 ein unbekannter Mann die Hand eines 10jährigen schwäch-
lichen Knaben in das Altartuch von St. Denis wickelte: Dieser
unscheinbare Knabe war unser Suger. (Carné, Les fondateurs
de l'unité française und Bouquet recueil XII. 96). Diese
Ceremonie hiess Oblatio: Es war die Erklärung, dass dieser
Knabe rechtlich dem Kloster geweiht sei. Suger war jeden-
falls für die Barone der bestgehasste Mann in Frankreich und
sie werden sich diesen Makel seiner Geburt nicht haben ent-
gehen lassen: wir wissen dies zum Ueberfluss aus den Auf-
zeichnungen seines Biographen, des Mönches Wilhelm. Ferner
legte man ihm die genaue und scharfe Art, wie er die
Interessen des Staatsschatzes vertrat, als Habsucht und Härte
aus; auch dieser Vorwurf findet in unserm Gedicht seinen
Wiederhall: Crap. 261 und 2559. Es bezieht sich vielleicht
auf Suger, wenn der Abt Guibert (Bouquet XII. 251) schreibt:
Rex Ludovicus (VI) . . . cum alias bonus esset, in hoc non
aequissimus erat, quod vilibus et corruptis avaritia personis
nimie aurem et animum dabat.

Wir dürfen also wol annehmen, dass das französische
Gedicht zur Zeit der höchsten Blüte des Geschlechtes Blois
entstanden ist, damals, als Stephan von Blois auf dem eng-
lischen Thron sass und sein älterer Bruder, Thibaut IV., die
Normandie zu erobern suchte. Gisors wird dabei erwähnt,
und die Erinnerung an die alten Kämpfe mit den Normannen

mag dabei wieder lebendig geworden sein. Auffallend ist,
dass Partonopeus Graf von Anjou und von Blois genannt
wird; es erklärt sich dies am einfachsten, wenn man annimmt,
dass Anjou erst nach 1152 zu Gunsten Heinrichs II. einge-
schwärzt sei.

DIE FRANZÖSISCHEN HANDSCHRIFTEN.

Gehen wir nunmehr zur Betrachtung der französischen
Handschriften über. Ueber die Zahl derselben sehe man
Durmart le Galois ed. Stengel p. 464 und Kölbing ,Beiträge
zur vergleichenden Geschichte der romantischen Poesie des
Mittelalters' p. 91. Crapelet hat die Arsenalhandschrift seinem
Drucke zu Grunde gelegt. Bei oberflächlicher Betrachtung
scheint sie in der That die älteste Form des französischen
Gedichtes darzustellen: Nach dem grossen Turnier fällt der
Sultan im Zweikampf mit Partonopeus, und das Gedicht schliesst
mit einer dreifachen Hochzeit: es verbinden sich Partonopier
und Meliur, der französische König und Urrake, Gaudin und
Persewis. Alle übrigen uns bekannten Handschriften haben
statt dessen eine breite Fortsetzung mit endlosen Kämpfen
nach Art mittelalterlicher Ueberarbeitungen. Allein schon
P. Paris, les manuscrits françois 3. 82 ff. hat darauf aufmerksam
gemacht, dass wir in der Recension, die in der Arsenalhandschrift vorliegt, gar nichts von Ancelets weiteren Schicksalen
erfahren, was der Dichter doch Crap. v. 5731 in Aussicht
gestellt hat; ferner dass der Dichter in der Fortsetzung sage,
er schliesse hier weinend sein Werk, gleich darauf aber, er
wolle es auf Bitten seiner Dame fortsetzen. — Erheblich
weiter führte dann Kölbing ,Die verschiedenen Gestalten der
Parthonopeussage' in Bartsch, German. Studien II, 55, indem
er durch Vergleichung aller europäischen Gestaltungen der
Sage die ursprüngliche Ueberlieferung herauszuschälen suchte.
Kölbing weist nach, dass die nordischen, spanischen und eng-
lischen (Beiträge p. 85) Fassungen übereinstimmend nicht nur
die Einleitung über die Abstammung von Troja weglassen,
sondern auch mit Griechenland beginnen, mit dem Bericht,
wie Meliur ihrem Vater Julianus auf dem Kaiserthrone folgt.
Die erhaltenen französischen Texte dagegen beginnen, wenn
man jene Einleitung weglässt, mit Frankreich. Nun war aber
die Quelle der europäischen Fassungen eine französische:
Kölbing, Beiträge p. 91. Ich kann zu diesem Nachweis noch
folgendes hinzufügen: Der Name Barbarus im Nordischen ist
ein Missverständniss der Verse Crap.

5572 En sou païs ot nom Fursin:
      Ensi l'apelent Barbarin.

Es ist auffallend, dass auch Massmann Partonopeus p.
169 und Kölbing b. Bartsch 95 den Knappen Barbarin nennen.
Daraus folgt nun die ehemalige Existenz einer französischen Handschrift, welche mit Griechenland anfing.
Ferner schliessen die spanischen und nordischen Bearbeitungen mit der Doppelheirat von Partonopeus und Meliur,
Gaudin und Urrake, während der Crapelet'sche Text Gaudin
mit Persewis verbindet. Nun wird im niederländischen Partonopeus ed. Bormanns v. 5597 und im Konr. P. 16534 auf
die Liebe Gaudins zu Urrake angespielt. Dieselbe Anspielung
findet sich in der hs. 368 und in der hs. 19152 der Nationalbibliothek (Roquefort, Notices et Extraits p. 74). Später wird
die weitere Verfolgung dieser Liebe in Aussicht gestellt.

Berner hs. 10475 Si vos dirai del bloi Gaudin
                  Cum i trait de s'amor à fin.

Der Dichter beabsichtigte also mit der Heirat von Gaudin
und Urrake zu schliessen.

Es scheint deshalb am einfachsten zu sein, wenn man
annimmt, dass ein verlorner Urtext U mit Griechenland anfing
und mit der Doppelheirat schloss. Ein Bearbeiter hätte dann
Einleitung und Fortsetzung angeflickt und den Urtext ver-
drängt: die B-Classe, vertreten durch alle hss. ausser A. A
wäre ein schlecht überlegter Versuch der Rückkehr zum Ursprünglichen. Schwierigkeit macht zunächst, dass der B-Bearbeiter die Tendenz des Gedichtes aufgenommen haben müsste;
doch mag ihn grade die Tendenz desselben zur Bearbeitung
gereizt haben; er führt die Erbitterung zu jener Höhe, die
vor dem Absurden nicht zurückschreckt. Für einen Bearbeiter
spricht Urrakens Tadel, der unten besprochen wird; auch die
Einschwärzung des Namens Anjou, welche wohl nach 1152
erfolgt ist. Denn nehmen wir an, dass die B-Classe das ursprüngliche Werk des Dichters darstelle, so ist schwer zu
begreifen, dass diese Stellen, die unmöglich von ihm herrühren
können, in alle Handschriften übergegangen sind.

Eine dritte übereinstimmende Abweichung der spanischen
und nordischen Partonopeussagen von sämmtlichen uns bekannten französischen Handschriften besteht darin, dass sie
statt der beiden Personen Ancelet (Fursin) und Gaudin nur
eine haben und zwar das nordische Barbarus (Fursin), das
spanische Gaudin. Kölbing (Bartsch Germ. Studien 67 und 73)
nimmt an, es seien dies dennoch im französischen Urtext zwei

Figuren gewesen und das Streben nach Abrundung der Handlung habe beide Bearbeiter, den nordischen und den spanischen,
unabhängig von einander auf den guten Einfall gebracht, sie
in eine Figur zu vereinigen. Sonst sei es unerklärlich, dass
in den späteren französischen Bearbeitungen zwei Personen
daraus geworden; denn wer sollte auf die ungeschickte Idee
kommen, die eine Figur in zwei zu zerlegen? Diese Annahme hat viel Ansprechendes, besonders wenn man noch
erwägt, dass das Nordische den Namen Barbarus (Fursin), das
Spanische Gaudin hat: Mit Notwendigkeit scheint daraus hervorzugehen, dass im Nordischen der Fursin des Urtextes den
Gaudin, im Spanischen der Gaudin den Fursin verschlungen
habe. Allein der Catalone, welcher im 13. Jahrhundert die
Partonopeussage zu einem Prosaroman benutzte, konnte recht
wol die spätern französischen Bearbeitungen kennen und aus
ihnen den Spanier Gaudin herübernehmen, der ihm ja besonders sympathisch sein musste. Wenigstens steht der Umstand,
dass der Spanier diesen, der Nordländer jenen Namen bevor-
zugt ·hat, der Annahme der ursprünglichen Einheit dieser
Figuren nicht im Wege, wenn diese sich aus inneren Gründen
aufdrängt. Denn vergegenwärtigen wir uns die erschlossene
Urgestalt des französischen Gedichts und stellen wir uns
Ancelet und Gaudin als zwei Personen vor. Was wird nun
aus Ancelet, nachdem sich Partonopeus von ihm geschlichen?
Es gibt hier nur zwei reale Möglichkeiten: entweder der
Dichter vergisst ihn ganz, oder er berichtet am Schluss das,
was in den breiteren Bearbeitungen nach der Hochzeit des
Partonopeus erzählt wird. Keines von beidem kann man dem
Dichter zumuten: Das erstere nicht, denn wozu diesen Knappen,
der Partonopeus in den Wald begleitet, so weitläufig behandeln, das Interesse des Lesers für ihn wecken, wenn er keine
weiteren Absichten mit ihm hatte? Das Zweite nicht, denn
in seinen Erlebnissen am deutschen Kaiserhofe werden neue
Fäden angeknüpft, nämlich die Liebe zu Auglair (Konrads
Iglâ). Will man also nicht zu bodenlosen Hypothesen seine
Zuflucht nehmen, so wird man die ursprüngliche Einheit beider
anzunehmen haben und diese eine Figur wäre Fursin (Ancelet)
gewesen. In den Bearbeitungen trat dann neben den Knappen
der alte, männliche Gaudin, wie Ancelet von der Lehre
Mohammeds zum Christenthum übergetreten und deshalb bei
seinen sarrazenischen Verwandten unmöglich. Auch das
spricht gegen Kölbings Annahme, dass im Urtext dieser arme,
von seinem Schildesamt lebende Ritter, der 50 Jahre alt ist

(Bormans 5723 f. und Konr. Part. 16682 f., Berner hs. 9770: Plus a de cinquante ans passez, — Povres homes est, n'a c'un escu.) die Liebe der Urrake sich erworben haben müsste. Fragen wir uns nun aber: Was in aller Welt konnte einen Bearbeiter reizen, diese Figur in zwei zu zerreissen? Ich antworte: Einfach das Bedürfniss, ein neues Interesse in die Fortsetzung zu bringen und zweitens die Sucht nach einer neuen Gelegenheit, sein politisches Glaubensbekenntniss auszusprechen, noch einmal sein hasserfülltes Herz gegen die Bureaukratie in ergiebiger Weise auszuschütten. Man sieht denn auch dieser Geschichte Ancelets die Mache an: Es ist ein Ritter au chien; der Hund wird von Ancelet dem Meere entrissen und hilft ihm dann in üblicher Weise über manche Abenteuer hinweg. Die feudale Tendenz erfordert sodann einen Potentaten nebst Ratgeber. Billiger Weise kam dann noch eine Liebesgeschichte Ancelets hinzu, wobei ihm natürlich der böse Ratgeber in die Quere kommt. Die einzelnen Züge werden in der armseligsten Weise aus früheren Teilen zusammengebettelt: Partonopier verliert auf der Jagd zwei edle Hunde, welche, wie sich später ergibt, einem Eber nachgelaufen sind; er beschliesst sie zu suchen, ganz wie Crap. 582 ff. Der Name des argen Kanzlers, Farés (Roquefort, Notices p. 79) klingt an Marés an. Ancelet geht schliesslich in den Wald wie früher Partonopeus.

Noch an einer anderen Stelle ist die feudale Tendenz dem Bearbeiter ein wesentliches Element der Erfindung, nämlich bei der eigentümlichen Darstellung der Trojasage, auf welche schon Kölbing aufmerksam gemacht hat (in Bartsch Germ. Studien 111). Der Bearbeiter fand in der gewöhnlichen, auf Dares zurückgehenden Darstellung Anchises als Verräter gezeichnet; der Begriff des Verräters hatte sich ihm von der Geschichte des Mares her mit dem des niedriggebornen Ratgebers associirt; was lag ihm also näher, als Anchises zu einem Menschen zu machen, der vom Findling zum allmächtigen Minister avancirt ist, und so gleich im Eingang an einem glänzenden Beispiele su zeigen, wie verderblich eine Regierung sei, die sich aus den Schranken des Lehnswesens entferne. — Unter dieser Voraussetzung ist seine Haupt-Quelle mittelbar oder unmittelbar der sagenhafte Teil der Gesta regum Francorum. Zum Beweis gebe ich hier einen Auszug der betreffenden Stelle: Nach Troja's Fall floh Aeneas nach Italien, andere trojanische Grosse in die mäotischen Sümpfe. Ihr Herzog Priamus fiel im Kampf mit Kaiser Valentinian. Die Franken, wie Valentinian sie wegen ihrer Wildheit nannte, flohen an die äussersten Grenzen des Rheinstroms und liessen sich dort nieder unter Marcomir, Priamus Sohn, und Sunno, Antenors Sohn. Nach Sunnos Tod wählten sie auf Marcomirs Rat Einen Fürsten, Faramund, Marcomirs Sohn und erhoben ihn zu ihrem gelockten König. Damals fingen sie auch an, ihr Gesetz zu haben, welches die raterfahrensten Männer feststellten. Der Bearbeiter glaubt aus irgend einem Grunde, vielleicht von seiner aristokratischen Anschauung aus, nicht an die Abstammung des ganzen Frankenvolkes von Troja: er leitet nur die Merovinger von Priamus ab. Er musste also von den Gesta abweichen, indem er jetzt Marcomir nicht gut von den mäotischen Sümpfen nach Gallien kommen lassen konnte. Wollte er aber, was nahe lag, ihn mit Anchises nach Italien kommen lassen, so durfte der arge Verräter ihn doch nicht als des Priamus Sohn erkennen. Also wird eine Wärterin erfunden, die ihn für ihren Sohn ausgibt. Als er aber heranwachsend immer mehr dem Hector und Paris gleicht, flieht sie mit ihm vor Anchises nach Gallien. Sie muss dann beim Eintritt in Gallien sterben, damit der Dichter Gelegenheit habe, seine aus den Gesta geschöpfte Weisheit, dass die Gallier ihre Leichen verbrannten, an den Mann zu bringen. Marcomir beredet die Gallier, ihn zum Fürsten zu wählen. Dann folgen viele Fürsten von seinem Blute. Diese Bemerkung wird eingeflochten, weil sonst der Zeitraum von Troja's Zerstörung bis auf Chlodwech viel zu wenig Könige hätte. Zuletzt entsprosst aus trojanischem Blut ein weiser Fürst, Faramons, der erste König. Dieser ordnet zuerst Recht, Gesetz und Sitte. Die Gesta fahren dann in der Königsreihe fort: Auf Faramund folgte Clodio, der 20 Jahre regierte. Auf Clodio folgt Merovech; von diesem wackern Könige werden die fränkischen Könige Merovinger genannt, ein Name, der hochberühmt geworden ist. Sein Sohn Childerich war ganz der Wollust ergeben und fing an, die Töchter der Franken zu rauben und mit Gewalt zu beschimpfen. Dass er aber eine kraftvolle Persönlichkeit war, geht aus den Worten der Bisina hervor: Ich kenne Deine Tüchtigkeit und Schönheit und weiss, dass Du wacker und hurtig bist. Desshalb bin ich gekommen, bei Dir zu wohnen. Denn hätte ich selbst am äussersten Strande des Meeres einen tüchtigern Mann als Dich gekannt, so würde ich ihn aufgesucht und bei ihm gewohnt haben.

Das französische Gedicht characterisirt diese Könige folgendermassen:

Clodio (Ludom) war ein unverständiger Fürst, der sich vor Furcht in seinen Gemächern verborgen hielt, den Grossen keine Aemter anvertraute, sondern Leute aus niedern Ständen erhob. Aber Gott kam seinem Volke zu Hülfe: Clodio starb nach kurzer Regierung. — Woher der Franzose diese Nachricht hat, resp. was ihm seinen Hass erregte, ist mir unbekannt; ganz aus der Luft gegriffen kann sie wol nicht sein. Von seinem tüchtigen Sohne Merovels hatten die französischen Könige lange Zeit den Zunamen Merovinger. — Dessen Sohn Childeris war ein kraftvoller Fürst, aber voll Treulosigkeit. — Es ist anzunehmen, dass dem Franzosen eine Chronik vorlag, welche die Gesta benutzt hatte. Aus dieser wird sich die Fülle von Detail über Troja erklären; aus ihr stammt wol auch jene sonderbare Geschichtsweisheit, die wir in dem oben im Auszug gegebenen politischen Gespräch zu bewundern Gelegenheit hatten. Doch werden wir hier, wie in Behandlung der Trojasage eine grossartige Freiheit der Quelle gegenüber, eine energische vor Erfindung und Entstellung nicht zurückbebende Construction des Stoffes anzunehmen haben; erklärlich wird dieselbe durch die überall hervortretende, hochgradige Parteileidenschaft, wie sie einer Zeit natürlich war, wo zum ersten Male die Geister des mittelalterlichen uud des modernen Staates aufeinander platzten.

Fassen wir das Resultat kurz zusammen, so hat sich uns als wahrscheinlich ein verloren gegangener französischer Urtext U ergeben, welcher mit Griechenland anhebt, Gaudin nicht kennt und mit der Doppelheirat von Partonopeus und Meliur, Ancelet und Urrake schliesst. Ein Bearbeiter flickte dann vorn eine Einleitung, hinten eine lange Fortsetzung an, zu deren Behuf er die Rolle Ancelets auf zwei Personen übertrug, indem er für das Turnier Gaudin einführte. Vertreten ist diese Classe B durch die beiden Pariser Handschriften der Nationalbibliothek, die Handschriften von Tours und von Bern. Ein dritter Bearbeiter, der U wol nicht kannte, verkürzte die Fortsetzung, indem er statt des Krieges mit dem Sultan sich an einem Zweikampf genügen liess, in welchem der Sultan fällt, und mit einer dreifachen Hochzeit schliesst, indem nunmehr Gaudin mit Persevis verbunden wird, wol in Erwägung, dass er für Urrake keine Partie sein kann. Derselbe behandelt die Erkennung des Partonopeus durch Lohiers: Dieselbe erfolgt, indem Partonopeus Namen und Herkunft zu nennen gebeten wird. Leider fällt die Rede in die Lücke der Arsenalhandschrift, der einzigen Vertreterin dieser Classe;

wir wissen also nicht, ob Anfors nicht schon über die Herkunft des Partonopeus Bericht erstattet hat, wie er dies in den übrigen Handschriften thut. Doch nennt ihn Ernols in seinem Referat über das Turnier, welches gleichfalls in der B-Classe fehlt. Die B-Classe erwähnt die Erkennung kurz während der Hochzeit; der Widerspruch ist also versteckt.

Berner hs. 10429　Li rois de France ot nom Lohier,
　　　　　　　Il reconut son ami chier,
　　　　　　　Parthenopex son bon cosin
　　　　　　　Qui si li traist sa guerre a fin.
　　　　　　　Grant joie en a et grant delit,
　　　　　　　Or li est bel qu'on l'a eslit.

Vgl. Roquefort, Notices p. 77 und Konr. Part. 17388.

　　　　　　　Der künic von Kärlingen
　　　　　　　hete sinen friund erkant,
　　　　　　　Partonopieren, dô zehant;
　　　　　　　dâ von wart er hôchgemuot.
　　　　　　　daz im geschah êr unde guot
　　　　　　　unde er wart ze keiser dô,
　　　　　　　des wart er inneclichen frô
　　　　　　　und al sîn massenîe.

Im niederländischen Partonopeus fehlt diese Bemerkung nicht, wie Kölbing meint (Bartsch. Germ. Studien 93), sondern fällt in die Lücke.

Man könnte darüber streiten, ob man der von P. Paris, les manuscrits françois 3. 82 ff. herausgehobenen Stelle aus der B-Classe, welche sich im Wesentlichen auch in der Berner Handschrift findet, glauben soll; man hätte dann anzunehmen, der Dichter von U hätte sich auf Drängen seiner Geliebten zu der Fortsetzung verstanden. Folgende Stelle der niederländischen Bearbeitung scheint dafür zu sprechen, Bormans 6380 :

　　　　　　　Ic wane, u van derre ieesten
　　　　　　　Verlinghen mach; conste ict gheleesten,
　　　　　　　Ic soude korten dese woort;
　　　　　　　Maer darombe varic noch voort:
　　　　　　　Sware dwanc bint mine herte nu
　　　　　　　Ane dit ghedichte, dat secghic u.

Also nichts von der selbstzufriedenen Behaglichkeit gewönlicher Bearbeiter; es scheint fast ein, man möchte sagen, väterliches Gefühl für die Integrität und Einheit des Werkes daraus zu sprechen. Doch muss man dem entgegenhalten, dass die weitschweifigen, zum Teil recht unpassenden Reflexionen wol kaum dem Dichter eines solchen Werkes zur Last zu legen sind. Namentlich aber und, wie mir scheint, entscheidend widersprechen einer solchen Annahme die tadelnden Bemer-

kungen über Urrakens Härte, Crap. 7080—7108. Denn Kölbing irrt, wenn er Bartsch, Germ. Studien p. 85 behauptet,
diese Stelle fehle in Handschrift 368 (anc. 6985) der Nationalbibliothek; Massmann, auf welchen er sich bezieht, sagt
Partonopeus, Nachtrag p. 311, dass die Verse 7086—7108
in dieser Handschrift fehlen, und Dr. W. Zingerle bestätigt
die Genauigkeit dieser Angabe; es fehlt also nicht der Tadel,
sondern die sehr überflüssige Betrachtung, welche in den
andern Handschriften daran geknüpft wird. In der Berner
Handschrift und in der Handschrift 19152 (anc. 1830) der
Nationalbibliothek findet er sich ebenfalls. Nun beruht dieser
Tadel jedoch auf einem völligen Missverständniss der fein
angelegten Tactik der Urrake ihrer Schwester gegenüber. Die
Art wie ganz berechnete, zielbewusste Bemerkungen von Urrake
spielend hingeworfen werden, wie sie der wachsenden Leidenschaft der Meliur gegenüber die harmlose Miene kindlicher
Unerfahrenheit zu bewahren weiss, ist wirklich reizend ge-
schildert,

Diese echt weibliche Strategik ist offenbar so geschickt
durchgeführt, dass man unmöglich annehmen kann, sie sei dem
Dichter nicht zum klaren Bewusstsein gekommen. Man müsste
denn annehmen, der Partonopeusdichter habe den Stoff in
ausgeführter Gestalt vorgefunden. Wir werden sehen, wie
erst unser Konrad dem Stoffe oder dem Dichter wieder con-
genial war. — Wir sind also mit Kölbing der Ansicht, dass
jene Worte, mit der die Fortsetzung sich ankündigt und entschuldigt, eine Fälschung enthalten.

Legen wir uns nun die Frage vor, welcher Handschriften-
gruppe Konrads Vorlage angehörte, so ist auf den ersten Blick
klar, dass sie in die B-Classe gehört. Weiter ergibt sich als
unzweifelhaft, dass sie der Handschrift 368 der Nationalbibliothek nahe stand. Nach dem grossen Turnier werden
nämlich als für die Entscheidung in Frage kommend sieben
Kämpfer aufgestellt und zwar gleichlautend in Handschrift
368, Konrad und dem niederländischen Partonopeus; die
Handschrift 19152 und die Berner Handschrift dagegen lassen
nur sechs Bewerber zu. Daraus folgt, dass die mittelhoch-
deutsche und die niederländische Bearbeitung der Handschrift
368 sehr nahe stehen. Dem Niederländer hat die gemeinsame
Quelle allerdings schon interpolirt vorgelegen; denn folgende
Verse Crap. 5475—5507, 6225—6267, 7087—7109, 7165—7171,
7201—7225, 7267—7279, 7283—7327, 7343—7367, 7513—7521
fehlen in Handschrift 368, finden sich dagegen im Nieder-

ländischen 2549 ff., 2821 ff., 3580 ff. und in der Aufzählung
3650 ff. Ob diese Plusstellen auch in Konrads Vorlage sich
fanden, ist nicht auszumachen, da er die Aufzählung, der die
letzten Stellen entnommen sind, an anderer Stelle und sehr
frei und summarisch gibt, die drei ersten Stellen aber Reflexionen enthalten, welche Konrad principiell tilgt; so die
dem ndl. 6380 ff. entsprechende Stelle des französischen, welche
sich auch in Handschrift 368 findet; der Name der dort ge-
nannten Griechin, welcher im ndl. unleserlich ist, lautet Clice,
was zu der Conjectur von Bormans zu der Stelle (Düxe)
passt; danach ist also der niederländische Text hier zu corri-
gieren. — Der siebente Bewerber, welcher gleichlautend in
der Aufzählung an zweiter Stelle genannt wird, ist der König
von England; derselbe wird wegen seiner Frömmigkeit gelobt.
Historisch scheint es wahrscheinlich, dass derselbe in der
älteren Gestalt des Gedichtes genannt und erst ausgemerzt
wurde, als das Nationalgefühl erstarkte. Gegen die Ursprüng-
lichkeit der Siebenzahl spricht dagegen der Umstand, dass die
sechs sich im Reime findet, die sieben nicht:

hs. 368 fol. 33	hs. 19152
VII en i a ce m'est avis	Mais d'els trestoz en ia VI
Cui nous donrons sor els lo pris	Qui nos metons sor els le pris.

Die Redensart ce m'est avis sieht ganz wie eine Inter-
polation aus. — Kölbing glaubt den Beweis liefern zu können,
dass die niederländische Bearbeitung an einer andern Stelle
das Ursprüngliche bewahrt habe. Es heisst nämlich:

ndl. 6124	Crap. 9099 u. B. hs. 10201
Nu vernemic wel ende sie,	Je voi bien, que li sis de nos
Dat die sesse van ons seven	Voellent le sodan à estros
Dien Franzoys den prijs gheven,	Doner à me dame à mari,
Sonder allene die coninc Clarijn,	Sains ço que nus d'els l'ait moti
Die dinct mi hem onhout sijn:	Fors seus Clarins, qui pas ne test,
Hi sprecter ieghen, ende niemen el.	Liquels des eslis miols li plest,
	Et as autres plaist ço qu'il dit,
	Quant il n'i metent contredit.

Also ein förmlicher Widerspruch. Es leuchtet ein, dass
man die Schwierigkeit nicht hebt, wenn man in das ndl. dien
soudaen setzt statt dien Franzoys; denn dann würde Clarijn,
der energische Parteigänger des Sultans, zu seinem Gegner
gestempelt, was unmöglich dem Niederländer zugemutet werden
kann. Kölbing argumentirt nun folgendermassen: sieben Preisrichter giebt es, Ernols und Corsols haben sich für Partonopeus ausgesprochen, folglich können nicht sechs, sondern
höchstens fünf für den Sultan sein, also hat das niederländische

hier das ursprüngliche gerettet. In seinen Beiträgen zur vergleichenden Geschichte p. 82 kommt Kölbing noch einmal darauf zurück. Nichtsdestoweniger beruht dieser scharfsinnige Syllogismus einfach auf einem Versehen Kölbings: Die Preisrichter sind aufgezählt fr. 7342, Konr. Part. 13485 und ndl. 3829: Cursanz, Germanz, Ansinz, Clârins, Cursabrie, Grundalis, Arnûs. Von Ernols heisst es fr. 7365:

> Li viols Ernols i r'iert od moi
> Qui garde en prendra endroit soi.

Er hat eine beratende, keine beschliessende Stimme und ist also im Rat der achte. — Zudem sagt der niederländische Text einige Verse vorher 5855:

> Doe mochte die soudaen hopen lichte:
> of door bedwanc, of door ghifte,
> of door vrientscap waren si hem hout
> alle sonder dien coninc Cursout.

in Uebereinstimmung mit Berner hs. 9606:

> Li soldans a grant pooir mis
> Al faire qu'il i fuist esliz

und B. hs. 9915:

> Et li alquant por grant loier
> al soldan del tot avancier
> Fors sol Corsels etc.

endlich, nachdem Ernols gegen den Sultan gesprochen

Berner hs. 10140:
> Molt l'ont esgardé tuit li roi
> Molt lor semble fiers et estolz,
> Qui si les contredist trestoz.

wo das niederländische 6070 sonst denselben Gedanken gibt, aber statt trestoz setzt Clarin.

Dass im ndl. eine Verwirrung vorliegt, ist also klar. Dieselbe erklärt sich auf sehr einfache Weise: es fehlt im ndl. der Sinn der Worte sains ço que nus d'els l'ait moti, sei es nun, dass der Uebersetzer das Wort motir nicht verstand, oder dass der ganze Vers in der ihm vorliegenden Handschrift zufällig fehlte; dadurch wurde der Sinn entstellt, indem das fors (sonder) einen ganz anderen Bezug bekam; der Niederländer machte dann die schlechte Conjectur, statt sodan sei zu lesen François. Bei Konrad sind alle diese Stellen fortgefallen.

VERGLEICHUNG DES PARTONOPIER MIT DEM PARTONOPEUS.

Sehen wir nun zu, was sich für die Characteristik Konrads aus der Vergleichung mit dem französischen gewinnen lässt. Der deutsche Dichter tritt gleich im Beginn der französischen Eitelkeit dadurch entgegen, dass er die trojanische Abstammungssage streicht; auch spätere Anspielungen darauf lässt er grundsätzlich weg wie Crap. 1520:

> Car vos estes del sanc Hector
> Qui ainc n'ama argent ne or
> Ne rien fors seul cevalerie;

ebenso Berner hs. 9752: ndl. 5674:

Qu'on le puet à Priam mener Die sijn gheslachte ende sijn gheboorte
Qui fu de Troie rois chases; soude rekenen ende noemen,
                                         hi soude te Priamus komen
                                         die koninc ende here van Troyen was;

endlich Crap. 1370: Si arivai droit al Troisport
                    C'est un havenes de Normandie.

Berner hs. 9806 wird sonderbarer Weise der Verräter Mares ein „Alemant" genannt: bei Konrad fehlt das natürlich. Dieser patriotische Zug lässt sich auch sonst in Konrads Schriften belegen, so Troj. 23998:

> man sol der tiuschen zungen
> ungerne alhie vergezzen,
> wan si den prís besezzen
> und den gewin ervohten hât,
> daz ir lop vil hôhe stât
> und ob den liuten allen vert,
> die sich an strîte hân erwert.

Ebenso Turn. 970: der Tiuschen prís erloschen
                    ist an êren hiute,
                    gesigent welsche liute
                    an dem rîchen künege wert.

Die specifische Abneigung gegen Frankreich mag sich bei einem Manne, der durch Geburt oder Schicksal ein Alemanne war, aus dem Anteil des harten Karl von Anjou am Untergang der Hohenstaufen erklären. Bei Gottfried von Ensmingen finden wir Aehnliches. Bei Konrad tritt sie am entschiedensten hervor bei einer eigentümlichen Abweichung vom französischen, welche eine längere Besprechung fordert.

Das französische Gedicht nämlich macht zu Häuptern der beiden Turnierparteien den deutschen Kaiser und den französischen König, 7189 und 7225, Konrad dagegen den deutschen Kaiser und den Sultan von Persien. Durch diese Aenderung, deren Folgen Konrad sich nicht zurechtgelegt hat, stürzt er sich in die grössten Widersprüche, in eine heillose Verwirrung. Der französische König wird nun in der Partei des deutschen Kaisers untergebracht, während im französischen der Sultan zu dieser Partei gehört. Nun sagt Konrad von dem Lager der beiden Parteien 12325:

> der keiser in der stat sol sîn;
> sô wirt belîben an dem mer
> von Persîâ der soldân.

Der entsprechende französische Text verlegt Kaiser und Sultan in die Stadt, den französischen König nach draussen. So in der Ankündigung des Turniers; wie dasselbe jedoch nun wirklich anfangen soll, beschreibt Konrad die Lager der beiden Parteien ganz anders: 13438:

> Der keiser hete sîn gezelt
> einhalp geslagen zuo dem mer;
> dâ lac er und der künige her,
> die von der kristenheite gar
> rilîche wâren komen dar. . . . .
> uf eime schoenen palas
> lac der soldân in der stat,
> den in die keiserinne bat
> dâ haben in der veste.
> swaz mit im hôher geste
> was von künegen dâ komen,
> herberge heten die genomen
> innerthalp der mûre.

Der Widerspruch mit dem Vorhergehenden springt in die Augen; aber ausserdem kommt Konrad in Conflict mit dem, was er 12290 auseinandergesetzt hat, dass nämlich nach Ernols Rat, um ernstliche Zusammenstösse zu vermeiden, Christen und Heiden durcheinandergemischt und aus dieser durcheinandergerüttelten Menge zwei gleich starke Turnierparteien gebildet werden sollen; sonst könnte das Turnier zu einem Krieg ausarten.

Was aber bewog Konrad wol, den Kaiser und den französischen König jetzt ans Meer zu verlegen? Offenbar der Umstand, dass Partonopier und Gaudin ausserhalb der Stadt kampiren, also zur äussern Turnierpartei gehören: nun brauchte Konrad nur einige Zeilen weiter zu lesen, um inne zu werden, dass der Sultan der bedeutendste Gegner und Nebenbuhler Partonopiers ist; folglich musste der Sultan in die Stadt verlegt werden. Offenbar aber kannte Konrad diese Verhältnisse noch nicht, als er die Verse 12325 ff. schrieb. — Im Verlauf des ersten Turniertages muss es Konrad zum Bewusstsein gekommen sein, dass Christen und Heiden gemischt sind. Denn 14054 wird ausführlich berichtet, dass nunmehr Arnold von Malbriûn seinen Rat gibt. Merkwürdiger

Weise wird nun 14100 in der Aufzählung der französische
König dem deutschen Kaiser vorausgesetzt:

> der künec von Kärlingen
> und der keiser ellenthaft
> daz ander teil der ritterschaft
> solten halten in ir pflege.

Doch ist dies wol kaum ein Abfall von seiner frühern
Aufstellung, sondern diese Umstellung erklärt sich daraus,
dass Konrad in den folgenden Versen erläutern will, weshalb
der König von Frankreich ans Meer gelegt sei: er war der
Kaiserin Meliur gram, weil er durch sie Partonopeus verloren
zu haben glaubte. Damit wird eine frühere Bemerkung des
französischen nachgeholt und verändert, Crap. 7227:

> Et n'est pas por moi marier,
> Ains est por moi desbareter.
> Perdu a par moi son cosin,
> Vengier s'en violt, ce dist, enfin.
> De lui a grant peor Ernols
> Qu'il ne soit trop contralios:
> Por ço nos a garnis de ça,
> Que plus aurons gent qu'il n'aura.

Konrad hat also wahrscheinlich diese frühere Partie
wieder nachgesehen auf Grund einer dunklen Erinnerung der
Mischung von Heiden und Christen.

Aber auch so kommt Konrad aus der Verwirrung nicht
heraus: indem er die Schilderung des Turnierverlaufs einfach
aus dem französischen herübernimmt, während er die Häupter
der Turnierparteien verändert hat, kämpfen nur Partonopier
und der französische König gegen den deutschen Kaiser, das
Haupt ihrer eignen Partei!

Wir sind also hier zu Resultaten gelangt, welche
Konrads Art zu arbeiten scharf beleuchten: Konrads
Muse ist etwas gedankenlos und handwerksmässig. Er hat
nicht erst den ganzen Stoff auf sich einwirken lassen, sondern
fast von Vers zu Vers liess er sich das französische übersetzen
und schmiedete dann seine Verse, ohne zu wissen, welche
Bedeutung jedem Zug in der Oekonomie des Gedichtes zukam.
Andere Spuren einer solchen Arbeitsweise sind folgende: v.
13532 nennt Konrad den Sultan Floridanz; nun wird der
Name des Sultans später von Anfors genannt: Margaris (Berner
hs. 9875 und Roquefort Notices p. 74); Konrad kannte diese
Stelle also noch nicht, als er Vers 13532 schrieb; er half
sich nun damit, dass er den Namen Margaris für den König von
Syrien verwandte. Von diesem heisst es in der Berner hs. 9879:

Li altre esliz est mescreans,
Bels est et gens et lons et grans,
Saiges ades: de Syre est roi.

Das niederländische nennt diesen Sades 5815; vielleicht ein Missverständniss aus saiges ades, aber wol schon in der französischen Handschrift, da die hs. 19152 ebenfalls Sades hat (Roquefort Notices p. 74). Danach ist Kölbing (Bartsch a. a. O. 92) zu corrigiren.

Gradezu ein Missverständniss als Folge der Unkenntniss vom weitern Verlauf der Handlung scheint mir in folgenden Versen vorzuliegen. K. Part. 16446:

und alzehant sô daz geschehe,
sô binden ab die helme sâ;
die blôzen antlitze dâ
lâzen ouch beschouwen ...

Dies wird dann 16522 ausgeführt:

Partonopier und sîn genôz
ab dem haubte bunden
ir helme ze den stunden etc.

Dies letztere findet sich weder im Niederländischen noch in der Berner hs. Dagegen scheinen die Verse 16446 f. aus der Rede Gaudins ein Missverständniss der entsprechenden Rede im französischen zu sein. Gaudin sagt Berner hs. 8589:

Et vos serez molt esgardes,
Et vis et cors tos desarmes.

Diese Verse können sich doch wol nur darauf beziehen, dass Partonopier und der Sultan der Meliur schliesslich entwaffnet vorgeführt werden.

Kölbing (Bartsch a. a. O. 81) führt eine Stelle an zum Beweis, wie umsichtig Konrad den ganzen Stoff beherrsche: v. 5228 gebe Konrad an passender Stelle eine Bemerkung, welche der französische Dichter erst später gebe, nämlich, dass Meliur dem Partonopier verboten habe, ein Schwert zu tragen, bevor sie ihn selbst zum Ritter gemacht habe. Allein Kölbing übersieht, dass der französische Text dies schon 2011 berichtet, wo Konrad es übergeht. Konrad hielt also den Zug für bedeutungslos und überging ihn; die Verse Crap. 2981:

Mais il n'a c'une seule espée:
Cele est à son arçon noée

erinnerten ihn an das Versäumte.

Nicht viel glücklicher ist Kölbing (a. a. O. 97) mit einer anderen Stelle. v. 6508 berichtet Konrad, dass Sornegur seinen Neffen bei Partonopier zurücklässt, damit der junge Mann sich französische Bildung aneigne. Der Franzose erzählt

dies in der That erst 5561, wo dieser Neffe, Fursin, in die
Handlung eingreift; Konrad 9896 ff. erzählt es hier nochmals,
offenbar ohne zu ahnen, dass er dies schon früher gethan;
schon dieser Umstand schliesst die Möglichkeit aus, dass
Konrad hier absichtlich etwas vorausgenommen habe. Ja
wenn man die Worte presst, ist zwischen beiden ein Widerspruch. K. Part. 9904 heisst es

> der (Sornegiur) hæte in dar ze Bleis gesant
> Partonopiere.

dies ist die richtige Uebersetzung des fr. 5564:

> Rois Sornegur, bien a deux ans,
> L'avoit tremis Partonopeu.

Aus dem französischen ist also durchaus nicht zu er-
sehen, dass Sornegur seinen Neffen bei seiner Abreise bei
Partonopier zurückgelassen hat. Wie sollen wir nun die Darstellung Konrads an der früheren Stelle erklären? Ich denke
folgendermassen:

Schon Kölbing hat bemerkt, dass der Teil des französischen Gedichtes, in welchem der Tod des Mares zur Darstellung kommt, in der Konrad vorliegenden Handschrift gefehlt
haben muss: Konrad erzählt denselben nicht; ja er kommt
an einer späteren Stelle in sehr emphatischer Weise darauf
zurück, dass Mares noch lebe. 9812 ff. spricht Konrad mit
sichtlichem Gemütsanteil den Gedanken aus: Früh stirbt, wen
die Götter lieben. Das edle Bild des letzten Hohenstaufen,
der auf dem Schaffot das junge Leben aushauchte, mochte
dabei dem alemannischen Dichter vor der Seele stehen. 9844
nun legt er dem Partonopier abweichend vom französischen
die Worte in den Mund:

> Mâreis der boese grâve unt ich
> lebent noch.

Ich halte Konrad für höchst gedankenlos; aber das
glaube ich ihm doch nicht zumuten zu dürfen, dass er erst
den Tod des Mares übergeht und dann mit einem bedeutenden
Aufwand von sittlicher Entrüstung beklagt, dass er noch lebe.
Es bleibt uns in der That nur übrig, anzunehmen, dass hier
in seiner Handschrift ein Blatt fehlte. Stellen wir uns nun
Konrads Lage vor. Die erste Frage, die er sich vorlegte,
wird doch wol gewesen sein: Welche für die Oekonomie des
Ganzen wichtigen Thatsachen mögen auf dem fehlenden Blatt
erzählt sein? Nun wird doch wol einer von denen, die das
Gedicht bestellt hatten, das französische vorher gelesen haben,
vielleicht Marschant, der es Konrad übersetzte. Diesem musste

nun sofort Sornegurs Neffe einfallen als eine für den weiteren Verlauf wichtige Persönlichkeit. Was war natürlicher als die Annahme, dass Sornegur ihn zurückgelassen habe. Für eine solche Aufzeichnung aus dem Gedächtniss spricht auch, dass Konrad nicht erwähnt, der Vater des Fursin heisse Fabruîn, während er diesen in der späteren Stelle, wo ihm der französische Bericht vorlag, nennt.

Die feudale Tendenz, welche sich wie ein roter Faden durch das französische Gedicht zieht, ist im Deutschen verblasst. v. 4597 ff. fehlen die bestimmten Töne politischer Parteifärbung, wogegen die frische Röte der Tendenz hier das französische Original merklich hebt. Das politische Gespräch zwischen Anshelm und Partonopier wird bedeutend abgekürzt und es ist bezeichnend für Konrads Geistesrichtung, dass er grade den theologischen Teil desselben beibehalten und breit ausgeführt hat. Doch hat Konrad die Moral der Geschichte Anshelms am Kaiserhofe überliefert v. 18698:

dâ von sag ich iu, herre, daz,
daz die gebûre unertic
iu sîn gar widerwertic
und ir si hazzet iemer
noch ir künne niemer
ze guote bringent mit genuht,

übereinstimmend mit dem französischen nach Roquefort, Notices p. 82: Mais tout ce que je vous demande, seigneur, c'est que jamais

Vilein ne soit vostre privez.

Auch in der Rede des Anfors bricht der Bearbeiter eine Gelegenheit vom Zaune, um dem Adel seine Gesinnungstüchtigkeit zu zeigen, Berner hs. 9789:

Molt sont prodome vavassor
Et molt vivent a grant honor
Si sunt, ce m'est avis, la gent
De quoi vient plus d'affaitement
De chiens, d'oisials et de servise
Et des desduis de tote guise etc.

Konrad lässt diese Stelle weg. In der That, der Deutsche jener Zeit hatte wenig Ursache sich für den Adel zu ereifern. Die Betonung des Blutes, die für den Franzosen characteristisch ist, liegt ihm fern; in jenem politischen Gespräch kreuzen sich ihm die Gesichtspunkte Armut und Reichtum, hohe und niedere Abstammung, die der Franzose durchaus trennt. Ebenso in einer Stelle im Trojanerkrieg 5430:

die göte an im bewaeret hânt
daz dicke ein armer âne guot
baz unde tugentlicher tuot
denne ein boeser rîcher zage,
wo von einem niedriggebornen die Rede ist. Mit dieser bürgerlichen Stimmung Konrads hängt folgende sehr auffallende Abweichung vom französischen zusammen. Nachdem Sornegur sich edelmütig dem französischen Könige gefangen gestellt hat, empfiehlt im französischen dieser den edlen Sarracenen der sorgfältigen Pflege der Seinen: Crap. 3635. Dagegen K. Part. 6440 heisst es

er (Sornegiur) wart âne alle sûme
geslozzen in gebende.

Wir können allerdings zu Konrads Gunsten annehmen, dass die mehrfach erwähnte Lücke in seiner französischen Handschrift schon hier begonnen habe. Doch auch so noch bleibt ein bedauerlicher Mangel an ritterlichem Sinn zu constatiren. Auch die vorhergehende Rede Sornegurs zeugt von einer sehr rohen, barbarisch verständigen Auffassung; man möge ihn genau so verwunden wie Partonopier verwundet sei etc. Im französischen dagegen ist diese Rede durchweht von einem echt ritterlichen Geiste. Wir dürfen wol annehmen, dass nur ein Teil dieser Rede Konrad noch vorlag; er hatte dann die Aufgabe, dieselbe zu vervollständigen, eine Aufgabe, deren er sich mit bemerkenswertem Ungeschick entledigt hat. Ein zwingender Grund zu dieser Annahme liegt allerdings nicht vor; im französischen bietet Sornegur seine Huldigung an und wird im Frieden denn auch Lehnsmann des französischen Königs. Die Streichung dieses Umstandes kann man recht wol auf Rechnung von Konrads patriotischer Abneigung gegen französische Eitelkeit setzen. Ebenso natürlich ist bei Konrad die Weglassung der politischen Tiraden gegen niedriggeborne Ratgeber, welche der französische Dichter nicht verfehlt, hier noch einmal vorzutragen. Ganz sicher lag Konrad noch vor

Crap. 3539:	Konr. Part. 6368:
Il a se teste désarmée	von stahel sînen glanzen helm
Et a traite nue l'espée,	stricte er ab dem houbte wert;
Par le more le prent d'aval.	dar zuo nam er sîn küneges swert
	dort hinden bî dem orte dâ.

Ueber die Sitte vgl. J. Grimm, Geschichte d. d. Sprache, pag. 99.

Auch sonst fallen bei Konrad ritterliche Züge fort. Der französische Dichter sucht die treulose Selbstsucht des

Mares dem ritterlichen Benehmen Sornegurs recht grell gegen-
überzustellen: Mares freut sich über Sornegurs Missgeschick
im Zweikampf; denn im entscheidenden Moment, wenn Sornegurs Niederlage besiegelt zu sein scheint, will er durch seinen
Friedensbruch eine Wendung herbeiführen; so hofft er die
Gunst Sornegurs, welche er durch seinen feigen Rat verloren
hat, wiederzugewinnen 3323 f.; er fürchtet, das Blatt könne
sich wieder zu Sornegurs Gunsten wenden 3441. Dagegen
kämpfen Fursin und Fabur auf Sornegurs Befehl gegen die
Verräter; Sornegur straft die Seinen und sucht Partonopier
überall, um ihn zu befreien. All diese kleinen Züge fehlen
bei Konrad.

Ebenso fehlt bei Konrad ein Zug ritterlich galanten
Wesens des Partonopier gegen den Sultan im Turnier:

Berner hs. 9325: Parthenopex descent à pié
Si li a son escu baillié . . . .
Mais molt en ont grant loz conquis
meismes de lor enemis.

Dass die ritterliche triuwe Konrad nicht mehr lebendig
geworden ist, zeigt das zweideutige Spiel mit dem Gottesurteil
im Engelhard. Konrad blickt auf diese Ideale als etwas
Entschwundenes zurück, Eng. 4193:

nu wart des sites dô gepflegen,
daz man vil tiure kunde wegen
êr unde ganze stæte.
swer einen ritter hæte
gevangen bî den zîten,
weiz got der liez in rîten
ûf sîner hôhen triuwe pfant.

Man vergleiche damit die Bemerkung Nibel. VIII.
922,4 und man hat den Gegensatz der Zeiten in voller
Plastik vor Augen.

Sehr plebejisch klingt es auch, wenn bei Konrad die
Ritter im Turnier mit knüteln, bengeln, brügeln auf einander
losschlagen (vgl. Haupt. z. Eng. 2735 und Part. 14327). An
einigen Stellen handelt es sich allerdings um einen Zweikampf
und man könnte deshalb daran erinnern, dass nach Sohm,
Fränkisches Recht p. 17 Anmerkung, im Gottesurteil die
Kämpfer nur mit Knüttel und Schild bewaffnet sind.

Konrads Bildung hat eine wesentlich theologische
Richtung, welche auf die Klosterschule znrückweist. Dies
tritt in einigen Erweiterungen zu Tage, welche Konrad nicht
ohne Geschick vorgenommen hat. K. Part. 7582 wird eine

Schilderung der Höllenstrafen sehr passend verwandt, um dem Partonopier das Gewissen rege zu machen. Eben so feinsinnig im Geiste des Mittelalters ist es, wenn Irekel in ihrer Vertheidigung Partonopiers auf all die biblischen Personen hinweist, welche durch weiblichen Einfluss auf Abwege gekommen sind.

Es ist characteristisch für den Alemannen, dass diese Theologie einen sehr toleranten Zug hat. Grade in Alemannien fanden freisinnige Ideen immer einen sehr fruchtbaren Boden. Konr. Part. 19476 Alis betet zu Mohammed; das war der andern Spott:

> si jâhen, waz er den gebiten
> möhte sîner stiure,
> der in der helle viure
> begraben müeste ân ende sîn.
> dô sprach der hübesche Sarrazîn:
> ich wil biten Mohameten:
> sô sult ir Jêsum ane beten,
> den Longîn der ritter
> mit einer lanzen bitter
> stach durch sîne zeswen hêr.
> swer under in gewaltes mêr
> in himel und ûf erden habe,
> der lege uns disen kumber abe
> unde sende uns disen trôst.
> würde ich von ir eime erlôst
> ûz angestlichen swæren,
> waz möhte ich wâ si wæren.

Im französischen sieht die entsprechende Stelle folgendermassen aus, Massmann, Partonopeus und Meliur 189:

> Aléz a grant poor: si a Mahom requis,
> Qu'il ne si compaignon ne soient morz ne pris.
> Anseax en sa paor en a un por sorris:
> „Grant tort avez, dit-il, Aléz, ce m'est avis,
> Que diable noméz quant somes entrepris.“
> „Ains requier, fait Aléz, le dieu, qui j'ai apris,
> Le vostre requerréz, que vos ocist longis:
> Li quex qui plus porra, travalt vos anemis.
> Poi m'est, liquex ce soit, mais qu'il nos en giet vis.
> Et Souplices lor dit: n'est point beax cist estis (estrif?)
> Que Mahom est mauféz et en enfer tot dis
> Et Jesus est voir diex et rois de paradis.
> Li monde est toz soene, qu'il n'i a nul marchis.
> Il seul nos peut valoir et il nos soit amis.
> Amen, ce dit Aléz etc.

Aehnlich Konr. Part. 20332 ff.: alle bedauern, dass der treffliche Appatrîs ein Heide sei, da antwortet Alîs:

er sprach: er üebet einen got,
der was im gewære gnuoc,
ez wære an im ein ungefuoc,
ob er sich von im kêrte,
wand er sîn heil ie mêrte etc.

es fehlt uns hier die Parallelstelle bei Massmann.
Dieser Geist milder Toleranz hängt zusammen mit dem
tiefsten, dem eigentlich constitutiven Zug des Konrad'schen
Geistes. Aus jenem Mangel einer logisch - charactervollen,
energischen Geistesconstitution, jener Allfühligkeit, Weit- und
Mattherzigkeit, die Konrad so eigentümlich sind, resultirt ja
praktisch die beneidenswerte Fähigkeit, jedem Dinge auf der
weiten Gotteswelt eine erbauliche Seite abzugewinnen.
· Bei Konrads Neigung, idyllische Bilder aus dem Tier-
leben einzuflechten, wird man wol sagen dürfen, dass es den
nüchternen, allem Phantastischen abholden Zug seiner Bildung kennzeichnet, wenn er folgende Stelle des französischen
weglässt, Crap. 5774:

Un grant lions . . .
Si est por le cheval tapiz
Com fait li chaz por la soriz.
Grant faim a, et toz alumez
De sa coe bat ses costez.
C'est la costume du lion,
Partot a sires bestes nom:
De sa queue se selt ferir
Por ire et por corroz cuillir:
Tant est gentil et debonaire,
Il ne sait sans corroz mal faire.
Ce fait-il as bestes de pès;
Mais homes hardiz et angrés,
Et les grans guivres et les ors,
Quant il en voit un ou plusors,
Asalt et vaint sans soi ferir,
De lor orgueil se velt marrir.

Konrad Part. 10526 hat nur das Bild der ersten beiden Verse.
Mit Geographie scheint sich Konrad nicht viel befasst
zu haben. Das berühmte Gisors, unter dessen Ulme die nor-
mannischen Herzöge mit den französischen Königen zusammen-
zukommen pflegten, wird zu Agisors, indem das französische
à zum Wort gezogen ist; aus fr. 6213 fille li roi de Miléte
macht er er einen König Milet, aus der Insel Creta ein rîche
ze Lucrête. Part. 11145/6. Deshalb lässt er geographische
Details mit Vorliebe weg wie fr. 1741 f., wo der Lauf der
Oire beschrieben wird und ferner bei den Reisen nach
Chiefd'ore jedesmal die Bootfart auf der Loire (vgl. fr. 1964,

4114, 4298, 4471, 5154 mit K. Part. 3011, 7203, 7435, 7799, 9231.

Es bezeichnet den handwerksmässigen Betrieb der Dichtkunst, dass Konrad gern Wappenschilderung und Turniere gibt. Die Wappen, welche er Part. 5212—5221 und 5152—5183 beschreibt, finden sich nicht im französischen; ersteres kehrt auch P. 5134 wieder. Ausserdem ergeht sich Konrad Part. 13535—13575 in Beschreibung des Wappens des Sultans, was im französischen fehlt. Ebenso hat er die Turnierschilderung P. 14376—14537 eingeschoben.

Dass Konrad das französische Original nicht mit Haut und Haar hinnahm, wie der Niederländer, zeigt sich in der Weglassung der zahlreichen persönlichen Betrachtungen, die wol von dem B-Bearbeiter herrühren: Derselbe beklagt sich in den verschiedensten Variationen über die Sprödigkeit seiner Dame und knüpft daran mancherlei oft wunderliche Betrachtungen über die Damen überhaupt. Er entschuldigt sich öfter wegen dieser Unart, am geistreichsten Crap. 3434 fl.

Dass diese Reflexionen nicht, wie Kölbing meint, in Konrads Vorlage fehlten, scheint aus v. 2706 hervorzugehen:

> Doch mohte er grœzer sælden jehen,
> swie sîn ouge ir sæhe nicht,
> danne ein man, der dicke siht.
> sîn herzen liep und er dâ hât
> von im ze frôuden keinen rat.

eine Bemerkung, die sich an der entsprechenden Stelle fr. 1866—72 und niederl. 1205—1211 findet, nur dass hier der Dichter sein eignes Schicksal mit dem des Partonopier vergleicht.

Es ist bezeichnend für den bequemen Character der Konradschen Poesie, dass er in stilistischer Beziehung jene Züge, welche den Geist der französischen characterisiren, nicht wiederzugeben versucht. So Crap. 1287 ff.:

> Et el li dist: Laissiés, ostes!
> Et il l'estraint par les costés
> Et ele ferm ses gambes lace.
> Et il estrait à soi l'embrace
> „Mar le faites, dist-ele, sire“
> Et il vers soi le trait et tire.
> „Ne faites, sire“, fait la bele;
> Et il vers li tot s'achantele.
> „Laissiés, sire, fait-ele, ester“ . . .
> Il entent as genols sevrer.
> „Or est anuis, fait-el, acertes“
> Il li a les cuisses overtes,
> Et quant les soies i a mises etc.

Die Art und Weise wie hier die Begehrlichkeit hinter scheinbarem Widerstreben hervorlugt, ist ganz in dem frivolen Geist gehalten, der den Franzosen eigentümlich ist. Mit diesen feinen Linien vergleiche man, wie Konrad uns mit einer Sindflut von minniglichem Gerede überschwemmt. Part. 1570 ff. Bemerkenswert ist, dass er dabei die grobe Schlüpfrigkeit des französischen Originals mildert. So lässt er auch Crap. 5057 weg:

> Car tels dame voit se car nue
> Qui le volroit avoir sentue.

ebenso Crap. 6930 ff., wo der französische Dichter mit. sichtlichem Behagen schildert, wie die Zofen der Meliur bei der nächtlichen Ankunft der Urrake und Persewis aus dem Schlafe aufschrecken:

> Les puceles sont esperies,
> Et comme chièvres tressalies,
> Les unes çà, les autres là,
> Si com la peors les mena;
> Qui bien aaisiés en seroit,
> Qu'el contre salir i feroit.

Der mangelnde Sinn für komische Züge, der hier bei Konrad hervortritt, passt vortrefflich zu dem hohen Ernst, den Scherer (Lit. p. 153) den grossen Dichtern des Oberrheins nachrühmt. So wird Crap. 7638 der Empfang Partonopiers bei dem Tyrannen Armans folgendermassen gezeichnet:

> Partonopeus li ont livré;
> Il l'a en travers regardé;
> Rien ne li dist ne n'i parole,
> Geter le fait en se gaiole.

Aehnlich wird fr. 7420 anschaulich dargestellt, wie Partonopier ganz in die Anschauung Meliurs versunken sich vordrängt und Urrake vergebens hustet, um ihn zu warnen.

fr. 649 wird recht anziehend der Zustand des zart erzogenen Junkers geschildert, den zum ersten Male die rauhe Luft des Lebens umweht. Konrad vermag diesen feinen Zügen nicht zu folgen.

Ebensowenig gelingt ihm das spielende Hinundherwerfen der Vorstellungen und Wörter wie Crap 1567:

> Baise li iols et bouce et face,
> Et molt estrois vers soi l'enbrace;
> Baise lui iols et bouce et vis,
> Ne demande altre paradis.

Wol absichtlich lässt Konrad Spielereien fort wie Crap. 7240:

> Por ço que j'ai este amie . . .
> Quant volt Partonopeus nomer
> Ses diols li trence son parler etc.
> Balbié l'a en souglotant
> Parto . . . Parto . . . a dit sovent,
> Puis dist: nopeu molt feblement

oder fr. 7500:
> Cis cevaliers samble un petit
> de beaus iols vairs et de façon . . .
> Et ne dist plus ne ol ne non.

Ich weiss nicht, ob folgende Abweichung Konrads unter diesen Gesichtspunkt fällt:

Im Zweikampf mit Sornegur hat Partonopier das Schwert, welches Meliur ihm gegeben, nach manchen Wechselfällen wiedererhalten; der Anblick desselben ermutigt ihn so, dass Sornegur sehr ins Gedränge kommt. So das französische Crap. 3386. Konrad übergeht den Zug, dass das Schwert ihn an Meliur erinnere; um nun doch zu Ende zu kommen, macht er Sornegur waffenlos, indem derselbe nicht, wie im französischen, sein Schwert aus dem Schild des Partonopier zieht. K. Part. 5960. — Schien dieser Zug dem deutschen Dichter eine jener Ueberschwenglichkeiten zu sein, welche wir oben angemerkt haben? Part. 16090 ff. hat Konrad im Gegenteil Gewicht darauf gelegt, dass der Anblick Meliurs dem Helden neue Kraft gebe, was wenigstens in der Berner hs. fehlt.

Die Franzosen, vorwiegend verständig angelegt wie die Römer, haben mit diesen die glänzende Fähigkeit gemein, die Erfahrungen des Lebens in kurze, stahlscharfe, unauslöschliche Sentenzen zusammenzufassen. Dies tritt besonders hervor bei eristischen Gesprächen, wo ein solches Kernwort den treffenden Abschluss einer Argumentation bildet, wie fr. 4932:

> Mais c'ent est la fins de la fable:
> Quanqu ami fait est pardonable;

v. 4944:
> Soef conforte qui n'a mal.

oder fr. 5029:
> Plus couste uns seus coros d'ami
> Que ne font cinq censd'anemi.

oder fr. 6990:
> Uns sens est de feme et d'enfant.

fr. 6659:
> Grant pechié fait qui contralie
> Dame, qui est d'amors marrie.

aber ist es besser
> D'occire un gentil chevalier
> Qui ses amors ne sait changier.

Zu diesen Kristallworten, zu diesen prickelnden Anti-
thesen ist Konrads in die Breite gehender Stil nicht geschaffen;
er lässt deshalb in richtiger Erkenntniss dessen einen grossen
Teil des eristischen Gesprächs zwischen Urrake und Meliur,
nämlich den Teil fr. 6635—6734, ganz weg. Die exotische
Kunst geistreicher Conversation, die dem Deutschen nie sonder-
lich zu Gesichte stand, war das Erste, was der sinkenden Zeit
abhanden kam.

Geht unserm Konrad französische Schärfe und Be-
weglichkeit ab, so entschädigt er dafür durch deutsches
Gemüt. Gemüt nennen wir die Fähigkeit des liebevollen
Sichversenkens in jene kleinen Scenen naiven Tier- und Menschen-
lebens, in denen eine unverstellte Natur ihre liebsten Geheim-
nisse offenbart. Diese Fähigkeit scheidet so characteristisch
die einzelnen wie die Völker, dass Schopenhauer nicht übel
Lust hatte, die Menschen in hundehaltende und nichthunde-
haltende einzuteilen. Unser Dichter nun gehört zu dem ge-
mütvollen Teil der Menschheit: seine schönsten Gleichnisse
sind einer sinnigen Beobachtung des Tierlebens entnommen,
Bilder von unvergänglichem Reiz, herzerquickend für jedes
deutsche Gemüt. Dieser Zug macht Konrad zu einer so
liebenswürdigen, anheimelnden Persönlichkeit. So schildert er
Part. 2742 das Heimweh:

> er tet alsam daz vogellîn
> daz wider in die grüene senet:
> swie vil man ez gemaches wenet
> bî den liuten anderswâ,
> sô wære ez doch vil gerner dâ,
> von dannen ez kam dar geflogen.
> swâ der mensche wirt erzogen,
> weizgot, dâ strebet im der sin
> ie ze jungest wider hin
> als in den walt daz wilde tier.

Es ist dies eine der wenigen Stellen, wo Konrads
biedere Persönlichkeit woltuend hervortritt; wol mag dem viel-
gewanderten Mann warm Erlebtes hier in die Feder getreten
sein. — Es ist characteristisch, dass der französische Dichter
grade umgekehrt das Vergessen von Heimat und Verwandten
viel besser zu zeichnen weiss, Crap. 1889:

> Ne li menbroit de son païs
> De ses parens, de ses amis
> Ne de rien nule ne pensoit
> Fors de s'amie qu'il amoit,
> De ses chiens et de ses oiseaus. —

Part. 21458: er kam gelîch eim adelarn
den dâ twingent sîniu kint
diu nâhen tôt von hunger sint
daz er nâch spîse ringet
und einem vogel swinget
sêr unde grimmeclichen nâch.

Part. 599: reht als ein grimmez välkelîn
daz hungert und die pfrüende sîn
wil suochen ûf der heide.

Besonders Konrads Trojanerkrieg ist reich an den schönsten Bildern dieser Art, wie Troj. 15350 ff. das herrliche Bild von den Tauben.

Das Gefühl Achills, der die reckenhaften Glieder in Frauenkleider gehüllt hat und nun fein zimperlich gehen und den wilden Blick frauenhaft niederschlagen soll, wird wirklich reizend geschildert Troj. 15074.

Die Tierfabel blickt durch Troj. 14882.

Solche mehr oder minder ausgeführte Vergleiche finden sich P. 21780, 14351, 1230, 1306, 5350, 13830, Turn. 1090, E. 4838, 4868, 2742, 2852, 4844, (Part. 8582), 802, Troj. 4216, 14964 und an vielen andern Stellen.

Mit dieser Vorliebe hängt es zusammen, dass Konrad gerne darauf eingeht, anzudeuten, wie die Tiere durch die Handlung afficirt werden:

Engelh. 2706: dô grâzten unde kurren
ir ros, wan sie sich fröuten,
dô man begunde flöuten
unde tambûrieren.   Eng. 2856. Part. 6152.

Die Nähe des Rheins verrät sich bei Konrad durch die Vorliebe zu Vergleichen, die vom Wasser und seiner Umgebung hergenommen sind, z. B. P. 13630 (vgl. Troj. 32874) Eng. 4802, Turn. 742, 778.

Besonders vergleicht Konrad die Leidenschaften und Seelenbewegungen mit einem Meer, auf dem das Schiff des Herzens schwimmt, oder das Herz einem Schiffe, dessen Ladung Sorge etc. ist. Eng. 2225, 2120, Part. 15636, 9275, 20267, Eng. 1936, Part. 9562, Troj. 9512, Part. 8003, Part. 452, Part. 10373.

Ein anderes eigentümliches Bild Konrads hat Haupt zu Engelh. 2142 angemerkt: Konrad vergleicht die Seelenbewegungen einem Schatze, der in das Herz vermauert wird, damit er ja nicht entkomme. Dieses Bild malt vortrefflich jenen Zustand, in welchem die Seele mit allen ihren Fasern um einen grossen Schmerz sich klammert, ihn nicht loslässt, an ihm gleichsam ihre selbstquälerische Freude hat.

Part. 9638 von riuwe lac sô michel hort
versigelt in der brüste sîn,
daz er niht wolte machen schîn
mit rede sînen smerzen.

Part. 10918, Pant. 276, Part. 10714, 25. Lied 31, 89, Troj. 15420, 9457, 30952, Part. 6658, Eng. 1212, Part. 709, 9530, Alex. 1225, Schwan. 654, Part. 1626, Part. 1646, 9696, 12250.

Ein anziehendes Gleichniss ist das von der Rosenknospe, welche sich im Morgenthau öffnet: Part. 8514, 12420, Troj. 482, 7528 etc.

Der Parallelismus, den Konrad so sehr liebt, ist sehr glücklich angewandt Part. 8226:

ich hete dich ze friunde erkorn
mit ganzer und mit stæter kraft:
nû muoz ich iemer vientschaft
von dir êwiclichen haben.
mîn frôude lac an dir begraben;
nû bistu mîner wünne slac.
an dir mîn hôchgemüete lac,
daz kêret sich ze leide etc.

Dieses Hinundherschaukeln der Vorstellung zwischen Gegensätzen erhält die Aufmerksamkeit rege, während wir im französischen, gezwungen eine lange Reihe von einander ähnlichen Vorstellungen zu durchlaufen, sehr bald ermüden:

Crap. 5719 Vos esties tos mes delis,
Mes preus, m'onors et mes profis,
Et ma noblece et ma beubance,
Mes orgiols et ma sorcuidance,
M'odors, ma clartés et mes pris etc. etc.
Or estes mes diols et ma paine,
Mes coros et m'ire certaine,
Mes giendres et mes lons consirs,
Mes plors, mes larmies, mes sospirs,
Mes maus de soir et de matin etc. etc.

Wir sehen, die Konrad'sche Epik gleicht, im Gegensatz zu dem straffen, strengen Gang der französischen, einem breiten Strome, der gern bei jeder Blume verweilt, welche sich in seinen Wellen spiegelt. Besonders im Anfang, wo er noch nicht ermüdet, gewinnt Konrad durch lebensvolle Schilderung und psychologisches Eingehen auf die Gefühle der handelnden Personen. Wie ganz anders wird uns hier der jagende Partonopier lebendig: wir hören die Zweige weithin brechen, wir sehen den Eber, wie er schäumt und wetzt, wir fühlen, wie der grimme Jagdspiess diese Lebensglut kühlt. Die rühmenden Bemerkungen des Gesindes versetzen uns ganz in die Situation; denn das ist ein beliebtes Mittel Konrads, um die Aufmerksamkeit länger auf einen Punkt zu concentriren, diesen scharf beleuchtet hervortreten zu lassen: er lässt die handelnden Personen ihre Gefühle aussprechen, gleichsam unmittelbar mit dem Leser verkehren; vgl. Kölbing bei Bartsch a. a. O. p. 79.

Das für Konrads Epik so characteristische Verweilen bei der einzelnen Situation hat sich seinem ganzen Stile aufgeprägt: Konrad liebt es ungemein, dieselbe Vorstellung durch zwei parallele Wörter oder Sätze wiederzugeben. An eine erschöpfende Darstellung dieser Eigentümlichkeit kann hier nicht gedacht werden; da aber dieser Zug die Kehrseite zu der erstaunlichen Gedankenlosigkeit in Bezug auf feste Führung der Handlung, auf das grosse Ganze der Erzählung ist, wollen wir ihn durch einige Beispiele illustriren. Part. v. 19. bringent unde gebent, 1195. vinster unde tunkel, 58. trûren und alle sorge, 1228. still unde tougenlichen, 119. in herze und in muote, 1247. lîp unde leben, 128. alsô wert und alsô liep, 1236. der sorgen distel und ir dorn, 136. bild und bîschaft, 175. in tiutsch getihte rihte und ze rîme leite, 207. zuo wîset unde biutet, 219. dicke und ofte, 225. ob ich kan und ob ich mac, 246. sweimen unde sweben, 252. liuhten unde glesten, 259. geliutert und gereinet, 260. gewieret und gesteinet, 345. ir stimme und ir lût, 401. Alsô wart er geprîset — gerüemet und gewîset mit lobe in hôhe wirdekeit, 429. erstoubet und ûf getriben, 442. erwinden unde abe lâzen, 480. spürte noch vernam, 505. vinden noch erspehen, 533. verborgen unde stille, 572. geriten und gerant, 526. füeren unde nemen, 683. die knaben und die kint, 703. ûf lande und ûf der erden, 704. enthalten und gefristen u. s. w.

Wir müssen uns hier versagen, eingehender die stilistischen Unterschiede zwischen Konrad und seiner Quelle zu behandeln: es fehlen dazu die nothwendigsten Voraussetzungen, eine kritische Ausgabe des französischen Gedichts und eine Untersuchung von Konrads Stil im Ganzen. Erst wenn dieser fest umschrieben ist, wird man der Frage näher treten können, wie der Stil von den verschiedenen Quellen afficirt ist. Kölbing hat mit Recht verlangt, dass künftig ein grösseres Gewicht auf die stilistischen Unterschiede von Quelle und Uebertragung zu legen sei (Tristansage CXLVIII); doch ist hierbei vor dem Extrem zu warnen. Die deutsche Philologie wird nie darauf verzichten können, jenen kleinen sachlichen Abweichungen nachzuspüren, welche deutscher Art und Welt-

anschauung entsprangen. Die oben bemerkte Schärfe der
Franzosen wie der Römer bedingt wie die juristische praktische
Tüchtigkeit beider Völker, so ihre geringere Fähigkeit für die
höheren Aufgaben der Menschheit: Die grossen Impulse der
Bildung sind stets von andern Völkern ausgegangen, und die
Geschichte der Philosophie weiss von keinem Römer und keinem
Franzosen zu berichten, dem die Menschheit eine originale
Conception zu verdanken hätte. Es mangeln diesen Völkern
die tieferen Eigenschaften des Gemüts, welche die Grundlage
der Genialität sind. Diese beim Deutschen nachzuweisen, wird
immer die interessantere Seite einer Vergleichung mittelhoch-
deutscher Schriftsteller mit ihren altfranzösischen Quellen bleiben.

Jenes gemütliche Einleben in den Stoff, jenes liebevolle
Sichhineindenken in die Situation führt den deutschen Dichter
auch gelegentlich zu besserer Verknüpfung und Motivirung der einzelnen Handlungen.

Partonopier giebt den Hunden ihren Anteil am Eber;
das macht sie frech unde geil: dâ von ir muot und ir gerinc
stuont ûf loufen deste mê. Part. 418. Sie sind nicht mehr
zu halten, sondern laufen einem andern Eber nach; in Folge
dessen verirrt sich Partonopier.

Ebenso gehört Part. 8566 dem deutschen Dichter allein
an : Meliur treibt Partonopier zornig vom Bette; das veran-
lasst die eben eintretende Urrake, für Partonopier Partei zu
ergreifen. Im französischen sieht man gar nicht, was sie
antreibt, sofort nach ihrem Eintreten für Partonopier eine Rede
zu halten.

Ja ohne etwas hinzuzufügen, durch eine einfache Umstellung weiss Konrad eine bessere Motivirung zu erreichen
wie Part. 10759: Im französischen wird nicht gesagt, weshalb
Urrake allein zurückbleibt, mitten im Ardennenwald, während
ihre Begleiter die Blutspur verfolgen; erst dann hört sie
einen Seufzer: Bei Konrad bleibt sie zurück, weil sie einen
Seufzer hört.

Mit psychologischem Scharfsinn hat Konrad die Taktik
der Urrake gegenüber der Meliur aufgefasst. Die Liebe ist
in Meliur noch nicht erloschen, aber ihr weibliches Scham-
gefühl hat Partonopier die Blossstellung noch nicht verziehen,
welche sie durch seinen Verrat empfinden musste. Urrakens
Strategik bezweckt nun, in Meliurs Herzen der alten Liebe
das entschiedene, unbestrittene Uebergewicht zu verschaffen:

deshalb sucht sie durch Erzählungen von Partonopiers Zustand das Mitleid rege zu machen, das Mitleid, die Amme der Liebe. Part. 11715 Irekel spricht so leichthin, aber entschieden davon, dass Partonopier entweder schon todt sei oder doch in kurzer Zeit sterben werde

    darumbe, daz der minne rôst
    die süezen twünge deste mê
    und ir geschæhe wirs dann ê
    von herzenlicher swære.
    wan swer den senedære
    von sîme liebe iht leides saget,
    der trîbet weizgot unde jaget
    sîn herze in grœzer ungemach.
    dâ von diu schœne Irekel sprach,
    Partonopier der wære tôt,
    durch daz ir swester würde nôt
    nach sîner minne deste mêr.

Welchen Wert Konrad auf diese Bemerkung legt, sieht man daraus, dass er sie 12100 ff. nachdrücklich wiederholt. Im französischen heisst es hier, Crap. 7080:

    Urrake en doit avoir grant blasme;
    Car trop est vers li de fort ire
    Qui tant li suefre son martire.
    Molt a dur cuer et pautonier,
    Et molt l'a vers autres gens fier
    Qui voit dame d'amor souprise
    S'il en son cuer miols ne l'en prise.

Wir sehen hier Konrad zu einem lebendigen Verständniss des Stoffes vordringen und so vom Innern der Sage aus in bewusster Weise Front machen gegen die seichte Auffassung der französischen Bearbeiter.

Ebenso selbstbewusst ändert Konrad von seiner psychologischen Erfassung der Situation aus an folgender Stelle, v. 16190: er kann sich nicht denken, dass eine so heftige Leidenschaft wie Meliurs Liebe so fest und stark im Herzen verschlossen wird, dass sie nicht in Blick und Miene tretend den umsitzenden Königen sich bemerkbar mache. Der Franzose, ein wesentlich gesellschaftlicher Mensch, nimmt keinen Anstoss daran; er betont B. hs. 9030: Se li oilz rit, li cuerz li pleure.

    dâ von diu süeze Meliûr
    begunde sînen smerzen
    mit ougen und mit herzen
    gar inneclichen weinen.
    der klâren und der reinen
    tet sîn (Partonopiers) swære unmâzen wê,
    gebergen mohte si niht mê

daz jâmer und die trûtschaft,
dâ mite ir herze lac behaft:
daz viur enmac niht lange sîn
bedecket, wan sîn heizer schîn
ez machet offenbære:
sam tuont verholniu mære,
diu meldent sich ze jungest ie.
dâ von diu keiserinne hie
verbergen mohte langer niht
ir senelichen ungeschiht,
die si von herzen liebe truoc.

Der König Cursanz bemerkt, wie sie die Farbe wechselt,
und fragt Irekel, was Meliurs Herz bewege; er sehe die An-
zeichen heimlicher Liebe. Irekel aber beschönigt: Meliur
fürchte nur, der Ausgang des Turniers möchte der sein, dass
sie an einen gleichgültigen Mann gekettet werde.
Diese Episode gehört ganz Konrad an.

Eine andere interessante Abweichung Konrads vom
französischen ist folgende, Part. 16474: Als nach dem Turnier
das Urteil gefällt werden soll, erwarten Meliur und Irekel
schmerzlich das Erscheinen Partonopiers.

dô sach diu schœne Persanîs
Gaudînen und den grâven wîs
dort her geswinde rîten.
des wart si bî den zîten
von herzen inneclichen frô.
ze Meliûre sprach si dô:
lât iuwer trûren, frouwe guot!
ûf wunnebæren hôhen muot
sult ir kêren allen vlîz:
der mit dem schilte silberwîz
und sîn geselle koment dort.

Der französische Dichter dagegen macht eine Bemerkung
über die törichte, weil aussichtslose Liebe der Persewis; zuerst
erblickt dann die beiden Cursanz, und es wird lebhaft geschildert, wie er, der zuvor träumend da sass, hocherfreut
aufspringt, ihnen entgegeneilt und die Menge auseinandertreibt,
um ihnen eine Gasse zu machen. — Unserm Konrad war
also der Persewis platonisch zarte Jugendliebe interessanter
als das männliche Interesse, welches Cursanz an Partonopiers
Heldenkraft nimmt.

Eine merkwürdige Stelle des französischen ist bei Konrad
verwischt Part. 16508. Die Berner hs. 9637 berichtet, wie
aus ndl. 5578 ff. hervorzugehen scheint, übereinstimmend mit
Konrads Vorlage: Die Richter schicken zur Meliur, um ihr

die Bewerber vorzustellen; die Besendung der Kaiserin giebt
Konrad wenige Verse später und knüpft daran das Auftreten
Meliurs. Das französische dagegen zählt die Bewerber auf,
welche abgesondert werden; dabei fehlen der König von Frank-
reich, Gaudin und Partonopeus, diese beiden vielleicht, weil
sie grade vorher genannt sind, dagegen werden genannt ausser
dem Sultan sowie den Königen von Syrien und Nubien der
König der Hermins, der von Bile, der von Spanien, der von
Valence, im Ganzen sieben. Die Stelle ist mir unerklärlich.
Konrad sagt nur, dass sieben Bewerber ausgesondert werden.

Die echtfranzösische Freude am Scandal tritt besonders
in der Rede Ernols' hervor, die jedem Nebenbuhler Partonopiers etwas anhängt. So heisst es vom Könige von Syrien:

Berner hs. 10017:

Frans et larges à chevaliers,
Quant il est besoing et mestiers;
Et quant il a faite sa pes,
Dont lor es eschius et engres.
Quant il est él destrier armes,
Dont valt ses cors XXX cites;
Et quant en pais jundent ses mains
Dont valt melz malades ke sains.
Quar vers povres gens est trop fiers,
Mal fist qu'il desarma premiers.

ndl. 5953:

Goet ieghen de sine, als hi siet,
Dat hire kan ontberen niet.
Maer als hi met vreden levet,
Ende hire niet te doene hevet,
Dan es hi hem fel ende wreet,
Entie vremste, dien men weet,
Entie suerste dien ghi ni saghet.
Om dat die waerheit hem bedraghet
Datti hevet dese quade seden,
Mach men wel ontsegghen bi reden.

Ueber den König von Frankreich wird gesagt:

Berner hs. 10030:

Bels est et bons sor tote rien
Fors sol de chevalerie:
De ce nel lou ie par tot mie.
Quant al desus est del estor
Dont n'en i a il nul meillor;
Mais quant il bien sorpris se voit
Qu'il est en angoissons destroit,
Dont s'esbahist et se trespense,
Ja puis n'iert de molt grant defense.

ndl. 5975:

Scone, hovesch ende vroet;
Maer ten wapenen niet so goet,
Dat ickene alles wille loven.
Daer hi swighes es comen boven,
Daer es hi coene ende onvervaert,
Ende wel XX manne waert;
Maer wordi in groter noot
Begrepen ende in ancsenen groot:
Dan es hi van cranker were.

Des Sultans Tüchtigkeit im Turnier wird anerkannt;
aber dann heisst es weiter:

Berner hs. 1051:

En tornai est li soldans telz:
Mais quant guerre s'avient mortelz
N'est pas si foldres ne tonoires
Ains en atempre mele ses oires;
Ce os dire qu'en ai veu
Et son affaire conneu.

ndl. 5982:

In tornoye doet hijt so wale,
Dat icker ghene wedertale
Wille houden; maer als hi siet,
Dat gaet te storme, dan es hi niet
Als onghemate, als men seghet.
etc.

Konrad Part. 16900 ff. lässt alles dies weg, ebenso
wie er in der Aufzählung derer, welche zum Turnier kommen,
Part. 13320 ff. solche Züge übergeht, wie sie in der Aufzählung Crap. 7189 ff. vorkommen. Doch fehlen letztere auch
in hs. 368.

Folgende geschmacklose Uebertreibung des französischen
Dichters lässt Konrad weg:

Berner hs. 9674 (vgl. ndl. 5600 ff.)

Bels est li jors, clers li matins:
Mais tant est de li esclarchis,
Tant amendes, tant embelis
Com si li soliaz par s'amor
Fuist descendus dusc a la tor . . . .
Et dient tout qu'onque tant bele
Ne fu ne dame ne pucele,
Fors cel qui fu et virge et mere,
Qui en son cors concent son pere.

Derartiges ist erträglich, wenn es, wie oft im mhd., in
einer kurzen, allgemeinen Bemerkung hingeworfen wird, aber
nicht mehr, wenn es individuell ausgeführt wird.

Folgende Kürzungen Konrads scheinen anmerkenswert zu sein.

Die Ceremonien des Schwurs vor dem Zweikampf zwischen Partonopier und Sornegur werden im französischen ausführlich geschildert, um den Friedensbruch des Verräters Mares um so greller hervortreten zu lassen. Die feindlichen Könige kommen zwischen beiden Heeren, jeder umgeben von hundert Mann, zusammen; Fursin sagt die Formel des Vertrags. Die Dänen schwören, wie die Franzosen ihnen den Eid staben, die Franzosen nach den Worten der Dänen. Bei Konrad 5094 ff. werden nur der Inhalt des Vertrags und die Vereidigung einfach berichtet.

Crap. 5983 ff. antwortet Partonopeus auf Urraquens Frage nach seinem Namen, sein bester Name sei Verräter; sie aber könne gehen, ohne ihren Namen zu nennen. Diese Frage und Antwort fehlt Konr. 10829: Irekel nennt sofort ihren Namen.

Crap. 6131 ff. bittet Partonopeus die Urrake, niemandem zu sagen, wer er sei, und ihn an einen heimlichen Ort zu bringen. Konrad lässt dies weg: Urrake macht ihm zartfühlend selbst den Vorschlag, ihn ungesehen leben zu lassen, bis er wieder zu Ansehen gekommen.

Die hs. 368 fol. 33 berichtet übereinstimmend mit ndl. 5609, dass Partonopier nur mit Mühe von Gaudin zurückgehalten werden konnte, zur Kaiserin zu dringen. Dieser Zug fehlt Konr. 16542 ff.

Je mehr man in die breite Fortsetzung hineinkommt, um so mehr merkt man der Konrad'schen Darstellung zunehmende Ermüdung, nachlassendes Interesse an. Da ist es nun characteristisch, dass er nicht die Kämpfe kürzt: diese behandelt er, wie auch sonst, mit Freiheit und Geschick; dagegen vereinfacht er bedeutend die lange Beratung, welche Partonopier mit den Seinen über den Einfall des Sultans hält. Es fehlen bei Konrad folgende Züge des französischen: Nachdem Arnols seine Rede geendet hat, sprechen sich seine fünf Söhne dahin aus, man müsse sich gegen den Sultan verteidigen. — Arnols lobt den Rat Gaudins. Nach der Kaiserin spricht, von ihr aufgefordert, Partonopeus. Sodann erregen Alus und Gautier durch ihre Wechselreden allgemeine Heiterkeit; an dem Fortfall dieses Intermezzos sehen wir wieder, dass es Konrad an dem leichten Sinne für die komische Seite des Lebens fehlt. Arnols heisst seine Söhne schweigen und schlägt vor, ihn und Gaudin als Boten an den Sultan zu schicken. Die Kaiserin dagegen macht geltend, dass er besser nach Marbreion gehe und seine Burg, wenn möglich, befestige, sonst aber niederreisse. Suplices und Ansel sollen als Boten zum Sultan gehen. So übereinstimmend die Handschriften 368 und 19152 der Nationalbibliothek; das ndl. 6286 ff. schliesst sich, soweit man aus den Fragmenten urteilen kann, eng an diese Darstellung an.

Fassen wir nunmehr zusammen, was sich uns an bemerkenswerten Resultaten zur Characteristik Konrads ergeben hat, und suchen wir die einzelnen Züge zu einem einheitlichen Bilde des Dichters zusammenzurücken:

Konrad bildet den Abschluss in der grossen Reihe fortschreitender Stilentwicklung, welche von Heinrich von Veldeke über Hartmann von Aue zu Gottfried von Strassburg führt. Er stellt in der That jenes Streben nach Eleganz und Glätte der Form in höchster Vollendung dar. Verstimmt uns bei Gottfried noch oft das Gesuchte, Erkünstelte, so ist es bei Konrad, als sei diese Sprache diesem Geiste natürlich und angeboren; so in den alliterirenden Formeln (Haupt zu Eng. 3465): sie werden nicht masslos gehäuft. Bei einer angebornen Gabe der Diction und einem feinen Sinn für den Rhythmus der Sprache hat sich Konrad mit unleugbarem Geschick die epische Technik seiner Zeit angeeignet; sie ist ihm gleichsam in Fleisch und Blut übergegangen. Aber nun stülpt er auch diese hergebrachte Schablone gleichmässig und unerbittlich über jeden sich ihm darbietenden Gegenstand. Nach demselben Recept, mit denselben Mittelchen wird Grosses wie Kleines immer wieder abgehandelt. Wir wissen bald im Voraus, wie eine Schilderung ausfallen wird. Man hat von unserer alten Poesie sehr schön gesagt, sie beleuchte nur die Bergeshäupter, während sie die Täler in tiefem Schatten belasse. Das entgegengesetzte Extrem ist bei Konrad mit der zähen Beharrlichkeit bürgerlichen Phlegmas durchgeführt; bei der gleichmässigen Verschwendung aller Kunstmittel an jedes Einzelne sinken die Höhepunkte des Stoffs auf das allgemeine Niveau herab, die Fülle der Kleinmalerei macht uns, wie dem Dichter, den grossen Gang der Handlung aus den Augen schwinden. Ueber die einzelnen Situationen giesst Konrad das Füllhorn seines Bilderschatzes aus, aber das Ganze der Sage hat er nicht selbstständig erfasst und zu einem einheitlichen Kunstwerk umgegossen. Wir konnten seine Art zu arbeiten nur als handwerksmässige Versmacherei bezeichnen. Dieselbe

Zeit also, welche die charactervollen Typen der alton Stände nivellirte, vertauschte den Character-Stil unserer alten Poesie mit dem glatten Stil der Stillosigkeit. Konrad hat denn auch in seinem ganzen Wesen etwas regelfrommes, normales, masslos massvolles; es fehlt dieser weichen, weiblichen Natur jener Zusatz von Stahl, welcher Bildsamkeit vor Characterlosigkeit bewahrt. Bequemen Geistes hält er sich auf der gebahnten Heerstrasse: Motive, welche nicht mit den obligaten Floskeln abgemacht ·werden können, werden einfach übergangen, selten wird das philiströse Gleichmass der Sprache verlassen. — Doch fühlt sich Konrad als Dichter; er hat ein lebendiges Bewusstsein davon, dass das dichterische Genie nicht angelernt werden kann, sondern eine holde Gabe der Natur ist. Dies und sein echt deutsches Gemüt, welches wir so woltuend hervortreten sahen, hat dazu beigetragen, dass Konrad hie und da wol etwas überschätzt ist. Aber es erging ihm eben, wie es schon manchem guten Menschen und schlechten Musikanten ergangen ist: weil er Gemüt hatte und weil ihm glatte Verse, hübsche Bilder aus der Feder flossen, hielt er sich für einen Dichter von Gottes Gnaden. Allein ein empfängliches Gemüt, psychologischer Feinsinn, Bilderreichtum, Formtalent, alles das macht noch keinen Dichter: den Dichter macht

> Der Gehalt in deinem Busen
> Und die Form in deinem Geist.*)

Das erstere, das unerlässlichste, fehlt unserm Konrad, das horazische os magna sonaturum, jene innere Wucht einer Seele, welche eine Idee in sich aufgenommen hat. Der Gedankengehalt der Blüteperiode, die Ideale von Rittertum und Frauencultus sind ihm nicht mehr lebendig geworden. Das äusserlichste, was jeder leicht wegbekommen konnte, hat er sich angeeignet, ein mattes Gerede, welches kein Herz zu erwärmen vermag. Der Minne wehseliges Sehnen klingt in unendlichen Variationen durch seine Schriften; aber für den kräftigenden Einfluss edler Frauen mangeln ihm die Töne. Wir sahen in seinen Schriften das ferne Wetterleuchten jener Rohheit, welche bald von allen Seiten auf diese glänzende ritterliche Welt mit ihrer derb überschäumenden Kraft und frauenhaften Zartheit einstürmen sollte. Das tragische Geschick aller menschlichen Culturentwicklung erfüllte sich wieder einmal; wieder einmal hatte eine Culturepoche sich das Grab gegraben, wieder einmal zermalmte das eherne Rad

---

*) Un poëte est un monde enfermé en un homme. Victor Hugo.

der Weltgeschichte so manches Edle und Schöne, das dieser
Aera eigentümlich gewesen, damit die Menschheit durch wüste
Zeiten einer poesielosen Verständigkeit sich zu einer höhern
Daseinsstufe emporarbeite. Und auch hier, wie so oft in der
Geschichte der Menschheit, bewährt sich das Gesetz, dass die
Form sorgfältig bewahrt, ja spitzfindig weitergebildet wird,
während der Gehalt längst entflohen ist. So ist Konrad trotz
aller Formvollendung doch nur ein Epigone, der von einer
glänzenden Vergangenheit eben nur das Prachtgewand, nicht
den belebenden Geist überkommen hat. —

Es giebt zwei Eigenschaften, welche in der Geschichte
den Germanen kennzeichnen: die leidenschaftliche Betonung
des Gehalts und das liebevolle Sichversenken in das Object,
verbunden mit einer wehmütigen Sehnsucht nach Vereinigung
mit dem Angeschauten, kurz das Sentimentale. Der erste,
logische Zug fehlt unserm Konrad, dagegen ist der zweite,
psychologische einigermassen bei ihm ausgebildet, und dies
in Verbindung mit der Virtuosität der Form wird ihm jenes
Mass von Anziehungskraft bewahren, welches er stets auf fein-
fühlende Leser ausgeübt hat.